LES

FLEURS DE L'HISTOIRE

Tous droits réservés.

JEANNE D'ARC

THÉOPHILE VALENTIN

LES
FLEURS DE L'HISTOIRE

DIALOGUES, BIOGRAPHIES ET RÉCITS

A L'USAGE DE LA JEUNESSE

> « Il étudiait l'Histoire et chaque
> « jour il devenait meilleur. »
> LACORDAIRE.

PREMIÈRE SÉRIE

TOULOUSE

IMPRIMERIE ET LIBRAIRIE ÉDOUARD PRIVAT

45, RUE DES TOURNEURS, 45

APPROBATION DE S. EM. LE CARDINAL DESPREZ

ARCHEVÊQUE DE TOULOUSE.

CHER MONSIEUR,

La jeunesse pour laquelle vous avez composé vos *Fleurs de l'Histoire* ne pourra que beaucoup s'intéresser à la lecture de ce livre. Les sujets qui ont fixé votre plume sont tantôt des portraits de personnages fameux, tantôt des récits des événements les plus connus de l'histoire ; or, vous savez par expérience que de semblables écrits excitent à un haut degré la curiosité des enfants. Du reste, la forme dialoguée employée dans ces pages est bien faite pour soutenir, sans la fatiguer, leur attention : autant d'industries par lesquelles vous vous êtes proposé de faire pénétrer dans leurs jeunes âmes les parfums de la plus suave édification. Je bénis donc votre travail, en lui souhaitant le succès qu'il mérite.

Agréez, cher Monsieur, l'assurance nouvelle de mes sentiments dévoués.

† FLORIAN, cardinal DESPREZ,
Archevêque de Toulouse.

ARCHEVÊCHÉ DE PARIS

Mon cher Monsieur,

J'ai lu avec un vif plaisir *les Fleurs de l'Histoire.*

Le souvenir des héros chrétiens que vous faites revivre dans la mémoire des jeunes gens dont l'éducation fait, à si juste titre, l'objet de votre sollicitude, est singulièrement propre à imprimer à leur vie une direction salutaire et vigoureuse.

Votre publication est une de celles qui contribuent efficacement à former leur esprit et leur cœur, et à tremper leur caractère. Je la trouve d'autant plus opportune, que nous vivons à une époque où tout semble conspirer à jeter le trouble dans les intelligences et le désordre dans les cœurs, et à engendrer l'affaissement des caractères.

Il est impossible de vivre en la compagnie des hommes que vous leur proposez pour modèles sans se sentir éclairé, ému, soutenu et fortifié par leurs nobles exemples.

Je ne puis donc, mon cher Monsieur, qu'applaudir à votre entreprise, et je fais les vœux les plus ardents pour que votre ouvrage, en se répandant parmi la jeunesse, y propage les leçons, si oubliées de nos jours, du vrai patriotisme et de l'esprit chrétien, qui vont si bien ensemble, comme vous le montrez vous-même dans *vos Dialogues et vos Biographies.*

Veuillez agréer, mon cher Monsieur, l'assurance de mes sentiments bien dévoués.

L'abbé P. Fages, *chanoine official.*

APPROBATION DE Mgr COSTE

ÉVÊQUE DE MENDE.

Mon cher Monsieur,

J'ai lu avec intérêt les *Fleurs de l'Histoire*, à l'usage de la jeunesse.

C'est un bon livre auquel je suis heureux d'accorder ma bénédiction.

Vos jeunes lecteurs trouveront une sérieuse utilité, jointe à un véritable attrait, dans cet ouvrage recommandable par son mérite littéraire et l'heureux choix des sujets.

Puissent vos *Fleurs* réaliser le bien que vous avez voulu faire à cette bien-aimée jeunesse !

Puissent-elles élever son cœur et lui inspirer les généreux sentiments qui seuls font les vrais chrétiens et les bons Français !

† Julien, *évêque de Mende.*

ÉVÊCHÉ DE RODEZ ET DE VABRES

Mon cher Monsieur,

Vos *Fleurs de l'Histoire*, à l'usage de la jeunesse, témoignent du zèle intelligent avec lequel vous vous appliquez à l'œuvre de l'éducation. Dans ce travail, vous mettez en scène les noms les plus connus de l'histoire ; des anecdotes bien choisies font parfaitement ressortir la physionomie des personnages dont vous parlez et les leçons morales qui se dégagent de leurs actions. Vous instruisez ainsi les enfants d'une manière fort agréable, en inculquant dans leur cœur les nobles sentiments qui font l'homme et le chrétien. La forme dialoguée éveille d'ailleurs leur attention ; elle leur fournit l'occasion de s'appliquer à d'utiles exercices de prononciation et de débit ; elle leur permet de retenir beaucoup mieux les enseignements dont vous désirez les pénétrer.

Je vous félicite donc de votre travail, qui fera certainement du bien, et qui mérite l'approbation de toutes les personnes qui s'intéressent à la jeunesse française.

Pour M⁸ʳ l'Évêque :

L'abbé J. TOUZERY, *vicaire général*,
Directeur du journal *l'Education catholique.*

ÉVÊCHÉ DE SAINT-FLOUR

Mon cher Monsieur,

Je viens de rendre compte à Monseigneur l'Evêque de Saint-Flour de vos *Fleurs de l'Histoire*, dialogues, biographies et récits à l'usage de la jeunesse, que j'avais été chargé d'examiner. Sa Grandeur me donne mission de vous dire tout le bien que je pense de votre livre. Elle veut, en même temps, que je vous transmette ses hautes félicitations. Je suis heureux qu'une aussi douce tâche me soit dévolue.

Grâce à la variété des sujets, des héros et des situations, la lecture de votre livre est, à mon sens, une vraie récréation intellectuelle. A ce charme pénétrant, s'ajoute un mérite particulier : vos Dialogues donnent sur l'histoire et la société des idées justes, c'est-à-dire chrétiennes, car vérité et christianisme ne font qu'un.

La jeunesse vous saura gré d'avoir consacré vos loisirs à ces pages. Elles méritent l'éloge sans restriction promis par le poète à quiconque saura, dans une heureuse alliance, faire fraterniser l'utile et l'agréable.

J'applaudis de grand cœur, mon cher Monsieur, aux succès que présagent à votre œuvre les approbations épiscopales qu'elle a déjà reçues et vous prie d'agréer l'hommage de mes meilleurs sentiments.

Pour Mgr l'Évêque de Saint-Flour :

L'abbé F. COURCHINOUX,
Lauréat de plusieurs académies.

Mon cher Monsieur,

J'ai lu avec plaisir vos *Fleurs de l'Histoire* à l'usage de la jeunesse et je les trouve très propres à intéresser et à instruire vos lecteurs.

L'Histoire que Cicéron appelle si justement l'institutrice, la maîtresse de la vie, *Magistra vitæ*, vous a aussitôt révélé ses trésors d'enseignement à mesure que vous évoquiez les noms de ses grands hommes. Puis c'est l'Écriture et nos traditions sacrées, quelquefois aussi la légende et la fable, qui sont venues tour à tour vous offrir des personnages et des leçons. Vous y avez joint, avec beaucoup d'à-propos, les souvenirs de votre longue expérience de l'éducation chrétienne. Et alors, réunissant tous ces noms et ces hommes divers, historiques ou inventés, anciens ou contemporains, vous les avez transformés, pour ainsi dire, en autant de maîtres, vivant sous nos yeux, pour donner, de concert avec vous, à cette jeunesse que vous aimez — on le sent à vous lire — un enseignement varié comme leur temps et leur situation, et pour lui faire suivre tout à la fois, à cette noble école, ce que j'appellerais volontiers un cours de morale, non seulement de morale religieuse et chrétienne, comme il le faut toujours, mais encore de cette morale civique aujourd'hui tant prônée et si maltraitée, hélas ! en de certains Manuels fameux.

Ici, c'est un mot agréable, une parole historique heureusement amenés, qui portent avec soi toute une leçon ; là, c'est une anecdote piquante, un récit plus étendu, une scène de famille qui multiplient les enseignements ; ailleurs, c'est une question de haut intérêt qui vient captiver l'attention, comme les droits de l'Église, la franc-maçonnerie ; plus loin, enfin, voici d'autres questions d'un intérêt plus restreint, mais malheureusement trop pratique dans nos départements pauvres, comme l'émigration de nos compatriotes à Paris, où ils vont gagner de l'argent et perdre leur foi.

Des entretiens sur de tels sujets sont bien faits assurément pour instruire, moraliser, *élever* surtout, selon le véritable but de toute éducation chrétienne.

La biographie des hommes célèbres que vous introduisez sur la scène, le tableau des événements qui amènent ou expliquent le dialogue ; les notes et réflexions qui souvent l'accompagnent, ont encore l'avantage d'intéresser plus vivement au sujet en le plaçant en quelque sorte dans son cadre naturel, mais surtout de compléter la leçon morale ou historique et de faire ressortir les dernières conséquences de la question traitée.

Ce travail vous fait honneur, et ce qui est mieux, il fera du bien dans nos classes ; il en fera aussi à la jeunesse qui, après avoir terminé ses études, voudra se donner le plaisir de vous lire.

Je voudrais que mes félicitations eussent quelque prix pour vous les offrir après celles que vous avez déjà reçues ; mais ce qui me sera bien permis, c'est de souhaiter à vos *Fleurs de l'Histoire* tout le succès qu'elles méritent.

Agréez, mon cher Monsieur, l'expression de mes respectueux et dévoués sentiments en Notre-Seigneur.

Abbé FIGUIÈRE, *chanoine honoraire*,
Professeur de rhétorique au Petit Séminaire de Mende.

AVANT-PROPOS

I.

Jeunes gens, c'est pour vous que ces *Dialogues* sont écrits. La plupart sont historiques ou ont été inspirés par l'histoire.

Nos héros ne sont donc point fictifs. Si quelques noms ont été créés par nous, comme *Yamba*, *Lyndax* et *Vérina*, les personnages, du moins, n'ont jamais été inventés. Nous nous sommes contenté de leur prêter le dialogue, sans nous écarter considérablement, nous le croyons, de la vérité historique et de la ressemblance des types.

Comme le dialogue permet difficilement une exposition des faits et circonstances qui l'ont amené, nous avons généralement placé en tête de chacun d'eux une note historique qui donne, dans un résumé succinct, les faits antérieurs et des aperçus dont la connaissance est nécessaire, ou au moins fort utile, pour mieux saisir toute la portée du dialogue. Et quand le dénouement ne ressort pas suffisamment de l'entretien de nos interlocuteurs, nous l'avons indiqué hors texte.

Nous avons aussi donné, des biographies, des portraits pour que nos jeunes lecteurs puissent mieux apprécier la valeur particulière de certains personnages.

Des renvois complètent fréquemment le texte et en éclairent la marche.

A peu près tous les dialogues que nous donnons ici ont été débités en public, avec succès, avant d'être livrés à l'impression. Nous avons ainsi pu constater l'heureuse influence qu'ils exercent sur l'esprit et sur le cœur des enfants : leur prononciation devient plus souple et plus sûre, leur accent plus doux et mieux senti, leur allure plus franche et plus aisée. En outre, le dialogue rend leur esprit plus vif et plus prompt, leur donne de la facilité pour la conversation et les habitue à mettre de la suite et de l'enchaînement dans leurs idées.

Nous avons constaté aussi que le dialogue active rapidement les progrès du débit. Si un enfant se voit seul au milieu d'une salle, ou sur une estrade devant tous ses condisciples, il hésite, il est timide, embarrassé de ses bras et de toute sa personne, il est décontenancé. Donnez-lui un compagnon, un interlocuteur, il se sent, il se retrouve, le voilà lui-même. Bientôt, il oublie son trouble, sa timidité, son embarras, il s'aguerrit, il s'anime, s'échauffe, a de l'action, du mouvement ; une émotion intérieure, naturelle, qu'il traduit à sa manière, s'empare de lui et il débite avec un aplomb et quelquefois avec un art qui vous surprennent et que vous eussiez été loin d'attendre.

C'est pendant une leçon de diction que l'idée de ces dialogues nous vint. Le premier essai fut fait sur *le Franc et le Gaulois*, que nous tirâmes à la hâte des *Martyrs* de Chateaubriand, et qui, pour cette raison de naissance, figure en tête de ce livre. Le succès de l'expérience ayant dépassé nos prévisions, nous nous mîmes à l'œuvre et l'enfant dont nous ne pouvions rien tirer avec le monologue, finit par nous ravir et nous émerveiller, après nous avoir presque découragé.

II.

Nos héros ne relevant ni de l'imagination, ni du roman, peuvent d'autant mieux vous servir de modèles qu'ils sont plus vivants, moins abstraits, et qu'ils vous offrent dès lors des exemples plus faciles à suivre.

Jacques Cœur vous apprendra à garder le calme et la résignation dans le malheur, la *Croix de la vallée* ou *le Villageois*, à trouver le bonheur dans une vie simple, laborieuse et exempte d'ambition; l'*Enfant prodigue*, à revenir avec confiance à votre tendre père, si vous aviez eu le malheur de l'abandonner; *Socrate*, à supporter l'humeur difficile ou acariâtre de ceux avec qui vous vivez; tel sujet vous inspirera l'amour de la patrie, tel autre l'héroïsme et le dévouement, tous feront naître en vous de grands et pieux sentiments, capables d'élever l'âme et de vous rendre plus généreux.

Ainsi, ce sont autant de chemins qui mènent à la vertu. Or, la vertu seule, avec ses cent visages aimables, fait l'homme de valeur, fait même le héros. Sans elle, la fortune, le triomphe, les dignités, la science même, ne sauraient faire de héros dans le véritable sens du mot.

La plupart de ces hommes supérieurs qui imposent le respect et l'admiration par leur grandeur d'âme et par un prestige particulier, nous sont une preuve que, sans la vertu, ils ne se seraient pas élevés à ces hauteurs d'où ils nous dominent.

Toutefois, la vertu n'est pas moins nécessaire, ni moins admirable dans les situations inférieures. Et, à un autre point de vue, celui qui remporte des victoires ou qui fait des actions d'éclat, dans un moment d'exaltation, a moins d'héroïsme que celui qui pratique une vertu constante et austère dans l'oubli d'une humble condition; qui, s'ignorant lui-même, pense aux autres, et leur fait du bien, dans la mesure de son pouvoir; ou qui va jusqu'à sacrifier sa vie pour l'intérêt d'une noble et sainte cause. Voilà le héros!

L'évêque Cyprien, donnant, à l'image de son divin Maître, sa vie pour son troupeau, est bien supérieur à tous les Césars qui faisaient trembler Rome, et l'inondaient du sang généreux des chrétiens.

Napoléon, mourant, résigné sur l'aride rocher

de Sainte-Hélène, reconnaissant ses fautes, est plus digne d'admiration que lorsqu'il était ébloui par l'éclat de ses succès. Ainsi, il nous paraît plus grand par sa patience à supporter l'humeur grossière du geôlier Hudson Lowe, qu'entouré du prestige de son triomphe, alors qu'il recevait les enthousiastes félicitations de toute l'Europe, au lendemain de la bataille d'Austerlitz.

Le général Drouot, lisant le Nouveau Testament dans l'embrasure d'une fenêtre, aux Tuileries, est aussi héroïque qu'à la tête de ses batteries, foudroyant les positions de l'ennemi. Un simple chrétien rivé, par un sublime dévouement, à la chaîne de l'esclavage, à Tunis, et obéissant avec une humble soumission aux ordres d'un tyran barbare et inhumain, a plus de droit à notre admiration que Louis XIV châtiant les corsaires de la Méditerranée. — J'admire autant Alexandre, cherchant à adoucir le malheur de la mère de Darius au lendemain de la victoire qui le rendit maître de la Perse[1], que détruisant l'orgueilleuse Tyr et

---

1. A la bataille d'Issus, Alexandre avait fait prisonniers la mère, la femme et les enfants de Darius. Mais touché du malheur de ces illustres captifs, il alla leur rendre visite et leur assura qu'il adoucirait autant qu'il le pourrait leur amère douleur. Il se présenta à eux avec Ephestion, son ami. La reine, qui ne l'avait

reculant, jusqu'aux Indes, les limites de son empire; Scipion pleurant sur les malheurs de Carthage, que Caton les provoquant, au Sénat par son éloquence. Une humble et pauvre veuve, qui travaille avec courage et résignation pour nourrir ses enfants, est mille fois plus admirable que bien des héroïnes chantées par les poètes, couvertes de soie et de pourpre et chargées de pierreries.

Un zèle obscur et méconnu du public n'est que plus méritoire aux yeux de Celui qui sonde les cœurs et les reins. Ainsi, l'histoire n'a pas conservé les noms des soldats de Cambronne, tombés au champ de Waterloo ; elle a personnifié la valeur de tous ces braves dans celle de leur chef. Pourtant, chaque soldat, par l'abnégation et par le généreux sacrifice qu'il fit de sa propre vie, fut un héros et mérita aussi bien de la patrie que l'intrépide général.

---

jamais vu, prit l'officier pour le roi. Ephestion lui ayant fait remarquer sa méprise, elle se jeta aux pieds d'Alexandre et lui demanda pardon de ce qu'elle ne l'avait pas reconnu. Le roi, la relevant avec bonté, lui dit : « Non, ma mère, vous ne vous êtes pas trompée, car celui-ci est aussi Alexandre. » — « Belle parole, dit Rollin, qui fait beaucoup d'honneur à l'un et à l'autre. » — « Si Alexandre avait toujours pensé et agi de la sorte, il aurait véritablement mérité le nom de Grand. »

En tout cela, nous plaidons pour l'abnégation et pour le mérite modeste qui est, hélas! fort rare. On semble ignorer que la modestie rehausse le mérite, et que les vertus éclatantes sont toujours les plus exposées à sombrer.

La fleur qui cache sa beauté timide à l'ombre d'une haie, est celle qui répand le parfum le plus suave et le plus pénétrant ; c'est celle aussi que l'on recherche avec le plus d'empressement, image d'une vertu sincère et solide, puisant le suc de son existence dans sa véritable source, qui est l'humilité et la piété.

III.

Oh! la piété! c'est la perle cachée qu'il faut acquérir à tout prix. S'il ne peut y avoir de véritable héroïsme sans vertu, suivant ce que nous avons dit, il ne saurait y avoir de vertu sans piété. Tout se bornerait alors à des apparences plus ou moins brillantes, qui ne résisteraient pas aux premières épreuves de la vie.

La vertu sans consistance est semblable à certaines fleurs éphémères que le premier soleil du matin étiole, fane et flétrit, et qui jonchent le sol avant la fin du jour, triste effet de leur fragilité !

Oh ! mes enfants, la piété !... tout est dans ce mot. Elle doit être le commencement, le milieu et la fin de notre vie. Laissez-moi m'étendre un peu sur ce mot et donner quelque développement à ma pensée.

Fille du ciel, la piété aime l'innocence dont elle est la compagne toujours assidue ; elle se plaît dans les cœurs ouverts au repentir, et répand toujours un baume salutaire sur les plaies que l'infidélité avait creusées. C'est elle qui éclaire notre marche de sa lumière toute céleste, et nous montre la voie sûre à travers les ténèbres et les erreurs de la vie ; c'est elle qui répand sur nos jours cette douce sérénité, cette gaieté vraie et naturelle qui est un fruit du calme que donne la prière. C'est elle surtout, qui nous met à l'abri des passions du cœur. Elle est comme le lierre que Dieu fit naître à la prière de Jonas, à l'ombre duquel le saint prophète se garantissait des ardeurs brûlantes du soleil de Ninive. La piété enfin, c'est la vie de l'âme, comme les aliments sont la vie du corps ; elle en est le plus précieux trésor.

La sainte Écriture, faisant l'éloge de la sagesse, semble épuiser les images pour nous en montrer le prix. Mais tout ce qu'elle en dit, ne peut-on pas l'appliquer à la piété, car la piété n'est-elle pas aussi la sagesse ?

Elle ne doit point se vendre à prix d'or, ni s'acheter au poids de l'argent, car elle est plus précieuse que le métal d'Ophir, que les marchandises de l'Inde aux vives couleurs, que les saphirs les plus brillants, que le cristal le plus limpide, que les vases d'or les plus riches. Ce qu'il y a de plus grand et de plus élevé, ne mérite pas seulement d'être nommé auprès d'elle. Qu'on ne la compare donc point, dit l'Écriture, avec les tentures éclatantes de Tyr et de Sidon.

Tel est l'éloge brillant et imagé que les Livres saints nous font de la sagesse, éloge qui convient admirablement à la piété dont elle est une expression si aimable et si sublime. On comprendra pourquoi nous nous sommes efforcé de donner aux *Fleurs de l'Histoire* ce sentiment élevé qui semble dominer tous les autres.

IV.

Que dirons-nous maintenant de la jeunesse pieuse, de celle qui aime à se nourrir de religion et de vertu? Pour en parler dignement, il faudrait la langue gracieuse du poète, celle si douce et si harmonieuse de Racine, qui a peint avec tout le charme de la poésie, la piété de cet heureux enfant qui grandissait sous l'aile du Seigneur, à l'ombre de son sanctuaire, d'Éliacin, le modèle des enfants simples, pieux et candides, dont le cœur est comme une urne ardente d'où s'échappe constamment le suave encens de la prière.

L'enfant, le jeune homme pieux, ressemble à la colombe qui habite la terre sans y souiller son aile, sans y respirer les miasmes impurs et malsains qui l'enveloppent d'un nuage empesté; pas plus qu'elle, l'enfant pieux n'est servilement rivé aux choses d'ici-bas, mais, dégagé de toute attache, de toute entrave dangereuse, il s'élève dans d'autres régions pour y respirer une atmosphère plus douce et se dilater à l'aise dans une sainte expansion sur le cœur de Celui qui garde l'innocence et pardonne au repentir; qui peut, lui seul, exaucer nos vœux et combler les vides de notre pauvre cœur.

Qu'est-ce encore que l'enfant pieux ? C'est *l'arbre planté au bord des eaux, qui produit des fruits en son temps et dont le feuillage ne tombe pas.* C'est celui dont la douceur est un baume pour ses parents, c'est un ange pour ses condisciples, un soutien pour le faible, une consolation pour l'affligé, un ami pour le pauvre, un brave dans le danger, un héros dans le malheur, un martyr dans la souffrance.

Il y a, en lui, toutes les qualités, car toutes viennent avec la piété; c'est leur sœur aînée, et elles s'attachent à ses pas.

Nous plaçant maintenant à un autre point de vue, nous disons que l'enfant pieux, d'une intelligence égale à celui qui ne l'est pas, lui sera supérieur en tout, mais particulièrement dans ses productions littéraires, parce que dans le cœur pieux il y a comme une source féconde qui produit abondamment et avec plus de grâce ; tandis qu'un cœur dur et sans piété ne produit, au contraire, que sécheresse et aridité. Dans ses compositions comme dans ses lettres, l'enfant pieux saura mettre une onction attrayante et aimable, les choses les plus simples prendront, sous sa plume, une expression affectueuse, un tour sympathique, pleins d'agrément : une intelligence pure perçoit le beau et sait l'exprimer. Chez l'autre, les pensées les plus aimables par elles-mêmes, perdront de leur grâce et de leur charme naturel ; de nobles qu'elles étaient, elles deviendront vulgaires, stériles. Et pourquoi ? Parce qu'il y manquera le cœur et l'âme, parce qu'il y manquera cette exquise sensibilité qui est comme un souffle divin, animant le style, lui donnant la vie et dont le principe inspirateur se trouve spécialement dans la piété d'une âme tendre et généreuse. Lamartine avait raison de dire que « *la poésie est le langage de la prière.* »

Jeunes gens, aimez la poésie de la prière. Il n'y en a point de plus sublime ; nourrissez-en votre cœur et ne le laissez point se dessécher sous l'influence désastreuse de la dissipation, de la légèreté d'esprit et des passions ; ne la perdez pas dans des lectures malsaines, dans des fréquentations dangereuses. C'est là tout votre trésor ; conservez-le, estimez-le à sa véritable valeur.

Aujourd'hui, plus que jamais peut-être, on cherche à capter la jeunesse pour la perdre. A peine a-t-elle quitté les bancs de l'école, — avant même ce terme précoce, — on lui tend des pièges pour l'enlacer dans les filets de la mauvaise voie. L'enfer sait très bien que l'avenir appartient à celui qui a la jeunesse. Ne vous enrôlez jamais dans l'armée ennemie ; elle se recrute, elle grossit ses rangs parmi tous les déserteurs des bataillons du bon Dieu; elle ne se compose que de transfuges, de lâches de toutes les nuances et d'apostats, plus traîtres et plus lâches encore. N'ayez donc rien de commun avec eux, ne leur prodiguez qu'un souverain mépris; méfiez-vous, car elle a tant de noms séduisants ! Sachez discerner les fausses apparences ; démasquez son hypocrisie et marchez d'un pas ferme, en conservant énergiquement vos convictions religieuses ; jurez une haine éternelle à tout ce qui n'est pas le devoir, à tout ce qui n'est pas en harmonie parfaite avec votre conscience.

Amilcar fit jurer sur les autels de la patrie, à son fils Annibal, une haine implacable aux Romains, les grands et éternels ennemis de Carthage. Vous savez qu'Annibal tint parole, et que jamais général ne balança avec autant de succès la fortune de Rome. Il en aurait sans doute eu raison, s'il n'était entré dans les desseins de la Providence que Rome dût avoir le dernier mot.

Eh bien! nouveaux Annibals, jurez sur l'autel de votre cœur et de votre Dieu, — et d'ailleurs, n'avez-vous pas fait un serment autrement solennel que celui d'Annibal? — de faire une guerre à outrance à tout ennemi de votre piété! Les lâches seuls sont vaincus; les héros triomphent et sont couronnés en braves.

Nous avons prêté aux nôtres un langage plein d'une sainte fierté, imitez-les et vous serez dignes d'eux, dignes de vos aïeux.

V.

Nos jeunes lecteurs, en parcourant ces lignes, feront un meilleur cours de *morale civique* qu'en lisant les *manuels athées*, tout récemment répandus avec une satanique profusion, d'où le nom de Dieu, qui doit présider à toute éducation, est systématiquement proscrit: livres malsains, fruits secs et véreux d'intelligences viciées par les doctrines les plus subversives, capables d'éteindre tout enthousiasme naissant, tout élan généreux, sans lequel les plus nobles sentiments ne sauraient éclore, ni se développer dans une âme.

La *morale civique*, telle qu'on l'entend, et telle qu'on veut la fonder dans nos écoles, est le plus déplorable et le plus dangereux des errements de la société officielle du jour.

Pour produire l'enthousiasme dans une jeune intelligence, il faut lui faire admirer le passé, faire battre son cœur au récit des grandes et belles actions accomplies par nos pères; il faut poétiser, en quelque sorte, le côté vulgaire des choses et donner aux événements une teinte religieuse et providentielle, un caractère patriotique propre à faire aimer la grande famille de nos ancêtres, qui nous ont laissé, en s'endormant dans la tombe, un riche héritage de vertus et de victoires. Et au lieu de cela, nos prétendus éducateurs, s'inspirant d'une *secte infâme*, affadissent et glacent tout ce qu'ils touchent, abrègent et décolorent le passé, cherchent à effacer le prestige des héros de notre histoire.

En agissant ainsi, ils prétendent, quand même, faire une nation grande et forte. — Mais en enlevant à un homme son enthousiasme, qui est un puissant ressort moral, savez-vous ce que vous faites? Vous le rapetissez de toute la hauteur de sa taille : d'un géant, vous faites un nain. Tel est pourtant le but que vous poursuivez avec un acharnement digne d'une meilleure cause, et en dissimulant l'ineptie de votre système sous des mots captieux et hypocrites.

T. V.

LES

FLEURS DE L'HISTOIRE

LE FRANC ET LE GAULOIS

Dans le combat supposé des Francs contre les Romains, que Chateaubriand a si poétiquement décrit dans *les Martyrs*, un Gaulois interpelle un Franc. — Un dialogue vif et passionné s'engage entre eux. Le Franc, qui personnifie ici sa nation, triomphe du Gaulois.

Le Gaulois. — Chef à la longue chevelure, te voilà bien fier sur ton char de victoire ! mais attends ! je vais t'asseoir autrement sur le trône d'Hercule le Gaulois. Jeune brave, tu mérites d'emporter la marque du fer au palais de Teutatès. Je ne veux point te laisser languir dans une honteuse vieillesse.

Le Franc. — Qui es-tu pour me parler ainsi ? Es-tu d'une race noble et antique ? Esclave romain, ne crains-tu pas ma framée ?

Le Gaulois. — Je ne crains qu'une chose : c'est que le ciel ne tombe sur ma tête.

Le Franc. — Désormais, tu ne saurais vaincre, toi, dont le front s'est lâchement courbé sous le joug insolent des Romains.

Le Gaulois. — Ce sont mes aïeux qui ont appris à combattre aux maîtres de l'univers.

Le Franc. — Je ne connais d'autres maîtres que le chef à la longue chevelure, avec les guerriers qui l'entourent.

Le Gaulois. — Insensé, tu ne connais de ce monde, qu'un peuple sauvage, vivant au milieu des forêts.

Le Franc. — Apprends, qu'il est moins périlleux de servir les Césars, que de nous mépriser dans le combat. Je sens en moi un désir violent de courir brûler le Capitole et d'effacer le nom romain de la terre qu'ils ont asservie et souillée.

Le Gaulois. — Pars pour Rome. Que fais-tu ici, caché dans tes forêts? Tu parles déjà de passer le Tibre, et tu n'as pu encore franchir le Rhin !

Le Franc. — Je les ai vus dans Rome, ces possesseurs de magnifiques palais, ces hommes avides de tous les plaisirs. Plus que jamais, ils sont dignes de mépris : leur insatiable ambition va jusqu'à leur faire désirer une hutte dans nos sombres forêts.

Le Gaulois. — Ignores-tu, misérable Franc, que l'épée seule du Gaulois a servi de contrepoids à l'empire du monde? Partout où s'est agité quelque chose de grand, tu trouveras de la cendre de Gaulois.

Le Franc. — Si tu sais faire de longs discours dans la langue de tes maîtres, épargne-moi la peine de les entendre. Je ne veux que du fer, des combats, et du sang.

Le Gaulois. — Si les Francs n'ont d'autres guerriers que toi pour porter la flamme au Capitole, ils gémiront longtemps avec les bêtes fauves de leurs épaisses forêts.

Le Franc. — Traître, tu m'insultes lâchement, mais sache, qu'avant peu, ta nation changera de maîtres. Et tu connaîtras alors, en cultivant la terre pour les Francs, quelle est la valeur des rois chevelus.

Le Gaulois. — Si je n'ai à craindre d'autre épée que la tienne, je ne tremblerai point pour mes jours.

Le Franc. — Regarde ce fer, si tu l'oses !...

Le Gaulois. — Misérable !

Le Franc. — Cède-moi la terre ou meurs.

Le Gaulois. — La terre que je te céderai, tu la garderas éternellement.

(D'après les *Martyrs*, de Chateaubriand).

Les Francs, en effet, vainqueurs et des Gaulois et des Romains, ont gardé depuis la terre des Gaules. Puisse la Providence la leur conserver *éternellement :* qu'ils soient toujours les dignes descendants des *fils aînés* de l'Église par leur bravoure et leurs principes religieux !

BONAPARTE

ET

LA VIEILLE CANTINIÈRE

Bonaparte préparait sa deuxième campagne d'Italie, et se disposait à franchir le Saint-Bernard. Pour cacher son plan de campagne et donner le change, il fit publier dans tous les journaux et annoncer à grand son de trompe, qu'il devait passer à Dijon la revue de sa grande armée. Or, il n'y réunit effectivement que les débris des campagnes d'Allemagne, tandis que l'armée qui devait aller se battre en Italie était dissimulée dans toute la région qui confine aux Alpes. En se rendant à Dijon, il rencontre, chemin faisant, une vieille cantinière, qu'il se plaît à faire causer, pour essayer de savoir si ses projets n'ont pas été dévoilés, et quelle est l'opinion publique vis-à-vis du premier consul et de sa politique.

Bonaparte. — Eh, la mère ! votre monture ne va pas aussi vite que vous le désireriez ?

La Cantinière. — Il fut un temps, citoyen, où elle tenait tête aux bêtes les plus vigoureuses.

Bonaparte. — Où allez-vous, ainsi chargée ?

La Cantinière. — Je me rends à Dijon, et je serai peut-être en retard pour le dîner des sous-officiers. Hi, cocotte!

Bonaparte. — Que se passe-t-il donc de nouveau à Dijon?

La Cantinière. — Tu es bien nouveau dans les affaires. Tu ne t'occupes donc de rien dans le monde?

Bonaparte. — Je suis employé dans l'administration.

La Cantinière. — Ah! ah! tu es un riz-pain-sel[1]. Il s'en trouve partout de ces gens-là.

Bonaparte. — Vous n'êtes pas contente d'eux?

La Cantinière. — Ce sont des gens qui grugent à droite, à gauche, retranchent partout et n'ajoutent jamais, si ce n'est à leur bourse.

Bonaparte. — Ils accomplissent consciencieusement leur devoir.

La Cantinière. — Non, citoyen, ils devraient s'occuper de l'ordinaire du soldat. Pour bien remplir cet emploi, il faudrait de vieilles cantinières, et les jeunes conscrits, en arrivant au quartier, trouveraient de nouvelles mères.

Bonaparte. — Vous avez servi longtemps à ce qu'il paraît.

La Cantinière. — J'ai, *avec Cocotte*, de nombreux états de service. Nous étions toutes les deux à Jemmapes, et il y faisait chaud. Installée dans un ravin, j'y vendis deux tonneaux d'eau-de-vie.

---

1. Fournisseur de l'armée (se prononce *ripinsel*).

Bonaparte. — Puisés dans le ravin.

La Cantinière. — Citoyen, je ne suis pas un riz-pain-sel.

Bonaparte. — Vous avez sans doute assisté à d'autres journées?

La Cantinière. — Oui, citoyen. Pendant que les employés de l'administration se cachaient, j'étais sur les hauteurs de Fleurus, soignant les blessés, et c'est là qu'on me surnomma la *mère Victoire*, nom dont je suis fière.

Bonaparte. — Étiez-vous en Italie, avec Bonaparte?

La Cantinière. — Pendant qu'il se battait en Italie, nous conquérions l'Allemagne avec Moreau.

Bonaparte. — Et que pensez-vous du premier consul?

La Cantinière. — De Bonaparte! On dit que c'est un crâne; mais on ne le fera pas avaler à la mère Victoire.

Bonaparte. — Et pourquoi?

La Cantinière. — Se figure-t-on un général qui parle d'entrer en campagne, de passer les *Apres* (Alpes) et qui dort à Paris?

Bonaparte. — Je croyais, au contraire, qu'il s'occupait de beaucoup de choses.

La Cantinière. — On ne l'a jamais vu à Dijon.

Bonaparte. — Il devait y passer pourtant une grande revue.

La Cantinière. — Ah! ben oui, une grande revue!... quelques canons encloués, des soldats éclopés, quelques recrues qui pleurent leur village. Voilà ce qu'il y a à Dijon.

Bonaparte. — J'ai lu, dans une gazette, qu'il y avait au contraire une belle armée.

La Cantinière. — Vous êtes tous les mêmes, habiles en paroles et faibles en actions.

Bonaparte. — C'est pourtant bien le projet de Bonaparte, de passer les Alpes et de battre les Autrichiens.

La Cantinière. — Crois-en la mère Victoire, il n'y réussira pas. Il sera la risée de l'Europe, et nous, les victimes de son imprudence. Hi, Cocotte! que nous aurons du retard.

Bonaparte. — Patience!... on le dit très habile.

La Cantinière. — Il n'en donne pas la preuve. Fallait voir, quand nous partions pour l'Allemagne, comme ça filait aligné!

Bonaparte. — L'administration a dû récompenser vos nombreux services et vos actes de bravoure.

La Cantinière. — L'administration est sans cœur; elle s'occupe d'elle-même et laisse souffrir les honnêtes gens, qui sont au bas de l'échelle.

Bonaparte. — Vous n'êtes donc pas contente de votre sort?

La Cantinière. — De moi-même, très bien, mais de l'administration, pas du tout.

Bonaparte. — Elle vous a donc fait tort?

La Cantinière. — Beaucoup, citoyen.

Bonaparte. — Me serait-il permis de vous demander en quoi?

La Cantinière. — Inutile de vous le dire.

Bonaparte. — Pas tant que cela, mère Victoire, parlez toujours. Je vois quelquefois le premier consul, je pourrais lui parler de vous.

La Cantinière. — Ah! ah! tu connais le Petit-Caporal?

Bonaparte. — Beaucoup, je suis attaché à sa personne.

La Cantinière. — Si je pouvais seulement lui dire quatre mots!...

Bonaparte. — Et que lui demanderiez-vous?

La Cantinière. — Ce que tous les autres m'ont refusé.

Bonaparte. — Peut-être avaient-ils raison de ne pas vous accorder ce que vous demandiez?

La Cantinière. — Raison, citoyen; on voit bien que tu ne connais pas la mère Victoire.

Bonaparte. — Mais enfin, que demandiez-vous?

La Cantinière. — Pas grand'chose, une pension de retraite pour mon mari, infirme depuis la dernière campagne: Cocotte a vieilli, et moi, je n'en puis plus.

Bonaparte. — N'avez-vous pas des enfants qui puissent vous venir en aide?

La Cantinière. — J'en avais deux, l'un est mort en *Egypre* (Égypte), et l'autre sert dans la marine.

Bonaparte. — Pensez-vous que le premier consul vous accordera ce que vous lui demanderez?

La Cantinière. — Certainement qu'il me l'accorderait, si je pouvais lui parler.

BATAILLE DE FLEURUS.

Bonaparte. — Et s'il refuse ?

La Cantinière. — S'il refuse, je le fais monter sur mon âne, et lui donne la queue pour bride.

Bonaparte (écrivant un billet à main levée). — Tenez, mère Victoire, voilà cette lettre, portez-la demain, à midi, à la préfecture de Dijon, et avec cela, vous pourrez dire quatre mots au Petit-Caporal.

La Cantinière. — Merci, citoyen !

Bonaparte. — A demain, mère Victoire !

La mère Victoire partit contente, éperonna son âne pour gagner le temps perdu dans sa conversation avec l'étranger. Elle n'oublia pas d'aller présenter son billet à la préfecture, pour être reçue en audience par Bonaparte. Ce qui eut lieu sans peine. On devine sa surprise, lorsqu'elle se trouva en face de son interlocuteur de la veille, transformé en général. Bonaparte jouissait de l'étonnement de l'énergique cantinière dont la conversation l'avait fort amusé. Mais celle-ci ne perdit pas contenance, et ne craignit pas de répéter que si on lui refusait la pension qu'elle réclamait, à si juste titre, son âne était à la porte de la préfecture. Bonaparte, étonné à son tour, de trouver tant d'énergie dans les paroles de sa vieille cantinière, lui accorda tout ce qu'elle demandait.

CORIOLAN ET VÉTURIE

Caïus-Marcius-Coriolan était un général romain (488 av. J.-C.). Il avait remporté plusieurs victoires éclatantes sur les ennemis de Rome, et notamment sur les Volsques auxquels il avait enlevé la ville de Corioles, dans le Latium, victoire qui lui valut le glorieux surnom de Coriolan dont il était si fier.

Après ces brillants succès, il briguait le consulat, mais sa fierté ayant blessé le peuple, il ne fut pas élu consul. Une sédition éclata même contre lui. Il se mit alors à la tête des nobles pour résister aux plébéiens. Loin de le soutenir, le Sénat l'exila.

Coriolan, furieux, protesta contre l'injustice qui lui était faite, jura de se venger, se retira chez les Volsques, auxquels il fit partager sa haine, et vint assiéger Rome.

Le Sénat et le peuple effrayés, envoyèrent des députations au terrible général pour le prier d'épargner Rome. Mais rien ne put fléchir sa fierté.

Rome, au désespoir, députa alors à Coriolan

En vain les prêtres des augures sont venus fléchir le genou.

Véturie, sa vieille mère, pour le supplier de s'éloigner de la ville.

A la vue de sa mère en pleurs, Coriolan se laissa fléchir, leva le siège et se retira chez les Volsques.

Ce fait est un des plus beaux exemples de la puissance de l'amour maternel sur le cœur d'un fils.

Coriolan (accompagné de deux licteurs). — Licteurs, faites sonner les trompettes, que des airs guerriers raniment mes sens, qu'ils exaltent mon esprit et avertissent les troupes.

Avant de donner le signal du combat, je veux parcourir une fois encore les rangs de mes fidèles compagnons, de ces Volsques courageux et intrépides, de ces amis généreux qui ont quitté leurs familles et leurs forêts pour épouser ma cause et venger une victime de l'injustice. La vue des lances levées par ces bras vigoureux ranimera mon courage. Qu'on prévienne les centurions que demain, aux premiers feux du jour, l'heure où le cor réveillera le camp, amènera le moment de la vengeance.

Tremble, cité perfide où règnent l'intrigue et l'injustice, tremble, car le vainqueur de Corioles, que tu as payé par l'exil, va te demander compte de ton ingratitude à son égard. Avec un peuple barbare, je veux raser tes murs, incendier tes temples et tes palais, détruire Rome jusqu'en ses fondements. Je veux qu'on dise : « Il fut là une cité ingrate, mais les dieux l'ont punie. » Je veux que chaque patricien, que chaque sénateur devienne un esclave de chacun de mes soldats.

Ah! tu voulais faire du vainqueur des Volsques un exilé errant, méprisé et malheureux. Eh bien! le voici, avec ce même peuple qu'il a vaincu et qu'il saura commander. Le voici, ville ingrate, il vient exercer de doubles représailles.

C'est en vain, que tu m'as envoyé le Sénat pour apaiser mon courroux; c'est en vain que les prêtres des augures sont venus sous leurs habits de lin fléchir le genou et s'humilier devant Coriolan.

Mais, saches, ô ville ingrate, que ni tes magistrats, ni tes prêtres, ni les dieux eux-mêmes ne pourront changer ta destinée. Ma haine et ma vengeance apprendront à l'univers qu'une cité, d'où la vertu est proscrite, ne saurait longtemps subsister.

Demain, j'en jure par les dieux et par les hommes, par la mort et par les enfers, oui, demain, Rome ne sera plus. Demain, le Forum sera inondé, et le Tibre roulera des flots de sang; un peuple juste et humain, instrument de la colère des dieux, régnera à la place du peuple romain.

Je ne veux goûter de repos, que lorsque j'aurai planté au Capitole le rameau de la victoire, et que j'aurai assouvi, dans la ruine complète de Rome, toutes les fureurs de ma vengeance...

Mais, que vois-je, là-bas?... est-ce une divinité tutélaire?... est-ce une Vestale en deuil?... Sous les plis flottants d'un grand voile noir, elle s'avance d'un pas timide et incertain... Quoi! c'est vous, ô

CORIOLAN ET VÉTURIE.

ma mère!... Pourquoi ce front triste et ce regard inquiet?... Ils vous ont fait souffrir, ces ingrats, et ils vous envoient, sans doute, partager mes malheurs. Hâtez-vous, parlez, dites à votre fils, que vous venez seconder sa vengeance...

Véturie. — Oui, mon fils, j'ai bien souffert depuis ton exil.

Coriolan. — Ah! les cruels! à cause du fils, ils se sont donc aussi acharnés sur la mère. Mais, je vous vengerai.

Véturie. — Une mère peut-elle être heureuse en l'absence de son fils, et de son fils malheureux?

Coriolan. — Mon malheur va finir, car l'heure de la vengeance a sonné.

Véturie. — La cause de ma douleur, n'est point dans Rome, où j'ai toujours trouvé le respect et l'affection dus à une dame patricienne.

Coriolan. — Quel est donc le sujet qui vous amène ici en ce lugubre appareil? Parlez, ma mère, essuyez vos pleurs et mettez un terme à ma cruelle inquiétude.

Véturie. — Tu veux donc asservir ma patrie. Et cet appareil de guerre ne justifie que trop mes tristes pressentiments, et montre, à mes yeux humides de larmes, la vérité de tout ce que, dans Rome, on m'a raconté sur mon fils :

Tu n'aimes donc point ta patrie?

Coriolan. — Mon amour pour elle était immense ; mais il a fait place à une haine implacable, qui n'a de mesure que le désir d'une vengeance éclatante.

Véturie. — Sont-ce les sentiments d'un Romain?

Songe, mon fils, songe qu'il y a plus de grandeur à oublier une injure, qu'à s'en venger. Que ta générosité soit digne du nom romain !

Coriolan. — Je suis sensible à votre douleur, ô ma mère, et avec vous, je plaindrais Rome, ma patrie, si elle ne s'était pas montrée si cruellement injuste envers votre fils.

Véturie. — Si la douleur et les larmes de ta mère ne peuvent te fléchir, que ton propre intérêt te touche. Es-tu assuré de vaincre avec des barbares? Rome est forte, Rome est puissante. Ne crains-tu pas de trouver la mort au premier choc des légions? Conserve, ô mon fils! conserve à Véturie le seul objet de son amour.

Coriolan. — Je connais la puissance de Rome. Une ville qui sacrifie ses meilleurs citoyens est une ville qui marche vers sa ruine. Et, si Rome est forte, si Rome se croit sûre de son triomphe, pourquoi envoie-t-elle ses corps d'élite, pour me supplier à genoux, de lever le siège et d'éloigner les Volsques?

Ma mère, je vaincrai ou je mourrai: mais qui veut vaincre est rarement vaincu, et si je meurs, je veux que mon dernier soupir assure la défaite de Rome et le triomphe des Volsques, ses acharnés ennemis.

Véturie. — Tu es donc sans pitié? Jadis Véturie était si fière de l'amour de son fils; ne suis-je donc plus ta mère?

Coriolan. — O ma mère! quel reproche cruel ne faites-vous pas au cœur de votre fils! Mais plus je déteste Rome, plus Véturie m'est chère.

Véturie. — Tu dis que tu m'aimes, ingrat, et tu m'assassines ! Sache, mon fils, que l'amour de ta mère et l'amour de ta patrie sont désormais inséparables; haïr Rome, c'est détester Véturie, c'est faire mourir ta mère.

Coriolan. — Ma mère, pourtant je vous aime !

Véturie. — Eh bien ! si tu aimes ta mère, sacrifie à son amour ta haine impitoyable et tes désirs de vengeance; ranime dans ton cœur, un moment égaré, les nobles sentiments qui s'y trouvent profondément enracinés, et tu seras toujours ce noble et vaillant patricien, digne fils de Rome, digne fils de Véturie.

Coriolan. — O ma mère ! je vous aimerai toujours...

Véturie. — Pourquoi ces larmes, Coriolan, es-tu mon fils ?

Coriolan. — Plus je me sens votre fils, moins je me sens l'ennemi de Rome.

Véturie. — Puisque tu redeviens mon fils, qu'un tendre embrassement rende à Véturie son fils et à Coriolan sa mère.

Coriolan. — Ma mère, vous m'avez vaincu. Votre amour a été plus fort que Rome. Je me retire et vais conduire les Volsques dans leur pays.

ALEXANDRE ET LE PIRATE

Alexandre le Grand (356-323 av. J.-C.) était fils de Philippe, roi de Macédoine.

Ce jeune prince joignait, à de brillantes qualités d'esprit, une ambition immense, qui le poussait à dominer les hommes et asservir même les dieux.

Il eût voulu être le seul dépositaire des connaissances humaines et de l'autorité, afin de devenir l'unique souverain de l'univers.

Les leçons d'Aristote, son précepteur, ne purent le modérer, ni amoindrir en lui cette funeste passion, qui fit d'Alexandre un grand conquérant et un grand fléau.

Il est resté toutefois dans l'histoire et la littérature comme le type du conquérant désintéressé et généreux, qui n'accomplit de belles actions que pour s'attirer uniquement la gloire de les avoir faites.

Une légende raconte, qu'on amena un jour un pirate à Alexandre.

Le roi de Macédoine lui demanda de quelle autorité il exerçait tant de ravages. Le brigand lui répondit : « D'après la même autorité que toi. » Alexandre, surpris de la fierté de cette réponse, l'admit à ses côtés, au lieu de le faire mourir comme il le méritait.

Le pirate, sans qu'il s'en doute, fait l'histoire d'Alexandre et il en est l'image ressemblante.

Alexandre. — Comment t'appelles-tu ?
Le Pirate. — On me nomme le fier Yamba.
Alexandre. — Quelle est ta patrie ?
Le Pirate. — Ma patrie ! Je n'en ai jamais connu.
Alexandre. — Dans quelle contrée as-tu vu le jour ?
Le Pirate. — Dans une île sauvage, au milieu de l'Océan.
Alexandre. — Quel pays habites-tu ?
Le Pirate. — Je n'ai point de demeure fixe. Je ne me trouve à l'aise que sur ma barque, au milieu de la tempête, ou dans la mêlée, entouré d'ennemis acharnés contre moi.
Alexandre. — Comment fais-tu pour vivre ?
Le Pirate. — Peu suffit à mon existence.
Alexandre. — Quelle est ton occupation habituelle ?
Le Pirate. — C'est d'enlever aux riches, pour donner aux pauvres.
Alexandre. — Quels sont ceux qui exécutent tes ordres ?
Le Pirate. — Ce sont des hommes de cœur qui combattent volontairement.
Alexandre. — Que leur promets-tu pour récompense ?

Le Pirate. — Les tempêtes, les combats et la mort.

Alexandre. — Et tu en trouves, qui veulent te suivre à ces conditions?

Le Pirate. — Plus que je n'en désire. Je ne choisis que les plus braves.

Alexandre. — Quelles sont les richesses que tu possèdes?

Le Pirate. — Je n'ai que ma barque, ma hache et mes flèches.

Alexandre. — On dit pourtant que tu ravages des pays entiers, que tu tombes, avec ta bande, sur des villages, que tu emportes les richesses et conduis en esclavage les hommes capables de payer une rançon.

Le Pirate. — Tout cela est vrai.

Alexandre. — Dans quel but agis-tu?

Le Pirate. — C'est pour le plaisir de faire parler de moi; c'est pour le besoin d'accomplir de grandes choses; c'est la soif de la gloire, qui est le mobile de toutes mes actions.

Alexandre (à part.) — Cette vaine fumée, qu'on appelle la gloire, entre-t-elle aussi, dans la tête des brigands?

Le Pirate. — Je connais peu d'hommes qui se soustraient à cette influence.

Alexandre. — Que fais-tu des richesses que tu acquiers dans ces expéditions?

Le Pirate. — Je les donne à ceux qui me servent, souvent à ceux qui sont dans le besoin. A moi, la gloire me suffit.

Alexandre. — Quelles sont les mers que tu préfères ?

Le Pirate. — Celles où les vents soufflent avec le plus de violence, où les tempêtes effraient le plus les hommes.

Alexandre. — Dans quel pays as-tu porté tes coups les plus terribles ?

Le Pirate. — Dans les contrées qui sont entre les deux mers.

Alexandre. — N'as-tu jamais trouvé d'autres bandits qui t'aient disputé l'empire des ondes ?

Le Pirate. — Quand j'en ai rencontré, je les ai combattus. Aucun n'a pu résister à mes coups, ni à la valeur de mes compagnons, et je suis resté le maître de la mer.

Alexandre. — Combien as-tu de compagnons ?

Le Pirate. — Cinquante.

Alexandre. — Et t'obéissent-ils, en toute circonstance ?

Le Pirate. — Quand j'ai donné mes ordres, tous volent au but que je leur ai indiqué. Le premier qui reculerait, connaîtrait la valeur de mon bras.

Alexandre. — Quel était ton poste dans le combat ?

Le Pirate. — Toujours à l'endroit où il y avait le plus de danger.

Alexandre. — Pourquoi as-tu quitté ta barque ?

Le Pirate. — Pour venir te voir.

Alexandre. — Et tu espérais échapper à ma puissance ?

Le Pirate. — C'eût été facile, mais on m'a surpris, quand je dormais.

Alexandre. — Quels étaient tes projets?

Le Pirate. — Protéger ceux que tu combats.

Alexandre. — Combien de villes as-tu détruites?

Le Pirate. — Je ne les ai jamais comptées.

Alexandre. — Je pourrais te condamner à mort et te faire expirer au milieu d'affreuses tortures.

Le Pirate. — La mort ne m'effraie pas. Je l'ai regardée de près bien des fois, et je me sens le courage de sourire au milieu des tourments.

Alexandre. — Si je te renvoyais, que ferais-tu?

Le Pirate — Tu me reverrais bientôt à la tête de mes hommes.

Alexandre. — Et de quelle autorité exerces-tu tant de ravages?

Le Pirate. — De la même autorité que toi. Mais, parce que je le fais avec une seule barque, on me traite de pirate et de brigand, l'on m'arrête et l'on va me faire mourir. Et toi, parce que tu ravages le monde avec une armée nombreuse et des chefs habiles, on t'honore du titre de conquérant.

Alexandre. — Dicte toi-même ton supplice. Comment veux-tu que je te traite?

Le Pirate. — Comme je le mérite, c'est-à-dire en héros.

Alexandre. — Viens donc combattre à mes côtés et ensemble conquerrons la terre.

JEAN BART ET LE COURTISAN

AU CHATEAU DE VERSAILLES

Un marin de Jean Bart avait été condamné à mort, pour une faute d'indiscipline commise dans un moment d'ivresse.

Jean Bart, qui connaissait le mérite de ce sous-officier pendant l'action et au moment du danger, l'affectionnait particulièrement. Très affligé de cette condamnation, l'illustre marin part un jour, de grand matin, se rend au palais de Versailles et demande à parler au roi.

Il est introduit dans son antichambre par l'officier de service. Jean Bart, qui connaissait mieux la manœuvre d'un navire que l'étiquette de cour, sortit une énorme pipe et se mit à fumer avec le même sans-gêne, que s'il eût été à bord de son vaisseau. Un courtisan le rappelle aux convenances et à l'étiquette; Jean Bart lui répond :
« J'ai contracté cette habitude au service du roi, et

il ne trouvera pas mauvais que j'y satisfasse. Quand j'attends, moi, je fume. »

Le courtisan alla annoncer, à Louis XIV, qu'un marin fort insolent fumait sa pipe, en attendant son tour pour parler à Sa Majesté. Le roi répondit en riant : « Je gage que c'est Jean Bart, faites-le entrer. » Le roi l'accueille avec bonté, lui fait raconter ses exploits, et veut connaître tous les détails de sa sortie du port de Dunkerque, alors qu'il était cerné par trente-deux vaisseaux anglais, tandis qu'il n'en avait que sept. Jean Bart, s'oubliant lui-même, fait si bien ressortir, dans la conversation, mais sans le nommer, le mérite du sous-officier condamné à mort, que le roi s'écrie tout à coup : « Mais quel est donc ce héros qui accomplit de si grandes choses? — Sire, répond Jean Bart, c'est celui qu'on a condamné à mort et qui désirerait servir longtemps encore Votre Majesté. — Eh bien! reprit le roi, je vous accorde sa grâce que j'ai refusée à l'amiral. » A ces mots, Jean Bart, épris d'un sentiment d'enthousiaste reconnaissance s'écrie : « Entre nous deux, Sire, c'est à la vie et à la mort. »

L'histoire du marin aux allures étranges avait parcouru le palais, comme une traînée de poudre. Les courtisans, peuple toujours fort ami des nouvelles, s'étaient placés au passage, pendant que le marin s'entretenait avec le roi, pour voir, à sa sortie, celui que Louis XIV avait gardé si longtemps dans son cabinet, et qu'il accompagnait avec une déférence toute royale.

JEAN BART ET LES COURTISANS.

C'est à la sortie du palais, après avoir quitté le roi, qu'eut lieu le dialogue suivant, entre Jean Bart et un courtisan.

Le Courtisan. — Monsieur, je vous félicite de l'honneur que vous recevez aujourd'hui. Jamais un marin n'était resté si longtemps en audience avec le roi. Il vous a témoigné une grande confiance.

Jean Bart. — Pourquoi en serait-il autrement? Est-ce que les marins, ne servent pas le roi et la France aussi bien et mieux peut-être que les courtisans? Et quand le canon tonne, quand la mitraille nous écrase, quand nos marins tombent en s'écriant : *Vive le Roi!* et *Vive la France!* dites-moi, quel est le rôle le plus commode? Est-ce celui de marin ou celui de courtisan?

Le Courtisan. — Celui de courtisan offre moins de danger et souvent moins de charme.

Jean Bart. — Ah! le marin a plus de charme au milieu de la tempête qu'un courtisan au palais de Versailles! Je voudrais te voir, avec tes airs étudiés, ta tenue empesée et musquée, faisant la manœuvre un jour d'orage ou de bataille sur les mâts d'un navire. Je voudrais te voir sur le tillac recevant les fureurs de la tempête. Je crois, que tu mériterais plus de coups de fouet que de mentions à l'ordre du jour.

Le Courtisan. — Je le vois, vous m'en voulez un peu de ce que je vous ai prévenu que l'étiquette défend de fumer dans les appartements du roi. C'est que, voyez-vous, je ne savais pas...

Jean Bart. — Oui, oui, tu ne savais pas que j'étais Jean Bart et que le roi aime son marin.

Le Courtisan. — Comment avez-vous pu intéresser le roi pendant deux heures?

Jean Bart. — Ce que j'ai dit pour intéresser le roi! J'ai raconté comment nous faisons la chasse aux Anglais. Il a voulu aussi connaître tous les détails de ma sortie du port de Dunkerque.

Le Courtisan. — A la cour, on a beaucoup parlé, en effet, de cette sortie qui, dit-on, vous immortalise. Mais comment avez-vous pu échapper aux Anglais, qui croyaient bien vous tenir? Racontez-nous cela, capitaine.

Jean Bart. — Volontiers! je ferai mieux que de vous le raconter. D'abord, rangez-vous tous en cercle autour de moi.

(Ils se rangent.)

Le Courtisan. — Nous y voilà!

Jean Bart (donnant un coup de botte à l'un, un coup de poing à l'autre). — Pif, paf, pouf, à droite et à gauche, devant et derrière, mais surtout en face. Voilà comment j'ai opéré pour sortir du port de Dunkerque. Si vous jugez utile que je vous donne une nouvelle explication, suivez-moi sur mer, et à l'heure du combat ou de la tempête, vous connaîtrez mieux Jean Bart qu'au palais de Versailles. En attendant, conservez du marin original un petit souvenir. Adieu!

Marin d'élite, d'un caractère rude et parfois brusque, Jean Bart était aussi doux, aussi humain après le combat, qu'il avait été terrible pendant l'action. Sa modestie était remarquable. Jamais on ne l'entendit se louer de ses belles actions, qu'il rapportait à Dieu.

Il était à la fois spirituel et naïf comme un enfant.

Sa piété fut toujours exemplaire, toujours franche, toujours sincère. C'est elle qui lui inspira cet amour du devoir, ce mépris du danger, ce courage invincible qui en fit un grand homme. Quand on a la conscience tranquille, on ne craint pas la mort.

La religion, toujours sublime conseillère, épure le sentiment, fortifie le courage et grandit le génie.

AMILCAR BARCA ET ANNIBAL

Amilcar Barca se réjouit des heureuses dispositions de son fils pour la guerre. Il en augure qu'Annibal sera terrible aux Romains, qu'il déteste. Et pour grandir cette haine naissante dans le cœur du jeune Carthaginois, il le fait jurer sur l'autel du plus grand dieu de la cité [1], de haïr toujours les Romains et de leur faire partout une guerre sans merci.

Amilcar. — Mon fils, j'ai admiré, avec une tendre émotion, ton adresse dans les jeux que l'on célébrait naguère, en l'honneur de nos dieux. Ton habileté à conduire un coursier, à manier le javelot, et l'ascendant que tu sais prendre sur les compagnons de ton âge, me font espérer qu'un jour, tu seras un soldat digne de ton père, et capable de soutenir la plus terrible des guerres contre les Romains, nos redoutables et mortels ennemis.

---

1. On adorait à Carthage les divinités phéniciennes. Le plus en honneur était le dieu Moloch, auquel les Carthaginois immolaient des victimes humaines, et particulièrement des enfants, que l'on jetait quelquefois par centaines dans une fournaise ardente, au son des tambours et des trompettes, pour étouffer les cris déchirants des malheureuses victimes.

Annibal. — Pour être utile à ma patrie, je n'ai qu'un désir, mon père, celui de marcher sur vos traces, et croyez, que j'y serai fidèle.

Amilcar. — Je suis fier de tes sentiments; ils me rendent heureux. Conserve-les pieusement, et ils se développeront dans ton cœur, comme une semence féconde et généreuse en fruits abondants.

Je vais partir pour l'Espagne, tu m'y accompagneras. Je désire, qu'à mes côtés, tu fasses tes premières armes et apprennes le métier de général.

Annibal. — Quoique tout ici fasse mon bonheur : la tendre affection de ma mère, les jeux de mes compagnons, ce ciel d'Afrique toujours si serein, volontiers, je renoncerai à toutes ces douceurs et m'éloignerai de Carthage pour vous suivre, serait-ce au bout du monde, serait-ce mille fois plus loin que le détroit de Gadès.

Amilcar. — Tu t'aguerriras dans le tumulte des camps. Au milieu des violences de la guerre, tu apprendras à commander une armée, à combattre un ennemi puissant et à conduire nos troupes à la victoire.

Annibal. — Mais vous avez fait la paix avec les Romains.

Amilcar. — Paix forcée, qui ne sera pas durable. L'ambitieuse Rome n'est point rassasiée. Trahissant ses engagements et la foi des traités, elle a soulevé contre nous la Corse et la Sardaigne dont elle s'est emparée. De sourdes clameurs sont poussées contre nous par nos mortels ennemis, et nos espions nous ont rapporté que Caton, du haut de la tribune aux harangues, termine tous ses discours au Sénat par *Delenda Carthago* (il faut détruire Carthage). — Notre puissance les inquiète. Ils voudraient nous affamer, ruiner notre commerce, détruire notre marine, soulever nos soldats mercenaires, faire naître de toutes parts des ennemis contre nous, et préparer ainsi notre ruine.

Annibal. — Pourquoi, ne se contentent-ils pas de leur pays? On dit Rome si belle, et l'Italie si agréable!

Nous sommes plus riches, plus puissants qu'eux, nous les vaincrons facilement. Qu'avez-vous donc à craindre?

Amilcar. — La dernière guerre, avec Rome, a diminué toutes nos ressources. Et puis, mon fils, ce n'est pas la richesse seule qui constitue la puissance d'un État.

Il est vrai que notre commerce est encore florissant; notre marine est redevenue prospère, nos armées sont nombreuses et bien exercées. Mais ce qui fait plus particulièrement la force et la puissance d'une nation, c'est l'union des citoyens, c'est l'amour de la patrie, le dévouement à la cause commune, c'est l'habileté des chefs qui dirigent le peuple, c'est l'obéissance de tous à la loi. Or, il y a dans Carthage des éléments de division; nos troupes sont formées de mercenaires; elles manquent de patriotisme : l'intérêt seul les guide. Je crains pour l'avenir.

Annibal. — Mais vous êtes là, mon père, pour réparer nos pertes et venger nos défaites.

Amilcar. — Je ne saurais suffire seul à une si grande tâche. Tu vas te préparer, mon fils, pour cette heure difficile, car jusqu'à présent nous n'avons livré avec les Romains que des combats d'enfants, mais dans la guerre qui va commencer la lutte sera terrible.

Quand l'heure aura sonné, le cri de guerre s'élèvera de tous les rivages de la Méditerranée. On répétera partout du côté de l'Italie : « Mort à Carthage ! » on redira le cri haineux de Caton : « Il faut détruire Carthage, la reine de la mer ! » et nous répondrons : « Mort à Rome ! Il faut détruire Rome, la reine du continent ! Il faut abattre l'insolent Capitole, d'où partent tous les cris de guerre contre les nations voisines, qui font ombrage à son ambition. »

La mer portera de nombreux vaisseaux, ses flots seront rougis du sang des vaincus. L'une ou l'autre des deux nations succombera dans la lutte.

Annibal. — On dit que Rome n'a pas de marine ; nos galères bien armées auront donc bientôt raison de sa flotte.

Amilcar. — Elle est sans contredit inférieure à la nôtre, mais ils se hâtent de construire des vaisseaux dans tous les ports de l'Italie, et il s'est trouvé des Carthaginois assez lâches pour aller travailler dans les chantiers des Romains.

Annibal. — On dit aussi, que leurs soldats n'ont jamais dirigé des navires, qu'ils sont inexpérimentés, que Rome enfin n'est point une puissance maritime.

Amilcar. — Les citoyens romains sont tout à la fois marins et soldats, et c'est ce qui leur donne la supériorité sur nos troupes mercenaires. Leur patriotisme ou leur ambition leur fait tout entreprendre. Bientôt, ils manœuvreront tous la rame aussi bien que l'épée.

Annibal. — Nous ne les craindrons pas, mon père !

Amilcar. — Je ne crains point les Romains, la haine, que je leur porte, augmente mon courage et me fait trouver toujours de nouveaux moyens pour me mesurer avec eux. Je voudrais pouvoir les anéantir et faire disparaître leur nom de la surface de la terre.

Ce que je crains, c'est la division parmi nous. Déjà Rome a envoyé des émissaires pour nous exciter à la guerre civile. Quand la première guerre fut terminée, ce sont eux qui soulevèrent nos soldats mercenaires et qui faillirent ainsi détruire Carthage[1]. Tu sais, mon fils, tout ce que cette révolte nous a coûté.

Annibal. — Que faudrait-il donc faire pour éviter le retour de tant de malheurs ?

Amilcar. — Il nous faudrait un homme énergique, qui sût dominer les factions, les diriger et

---

1. A la fin de la première guerre punique, les Romains se firent céder, dans le traité de paix, un grand nombre de vaisseaux et une indemnité de guerre d'environ treize millions de notre monnaie. Ce qui épuisa le trésor de Carthage, et mit la ville dans l'impossibilité de payer régulièrement la solde des soldats mercenaires. Ceux-ci, se sentant soutenus par les Romains, se révoltèrent et furent sur le point d'assiéger et de piller la ville. Amilcar les vainquit, et en passa quarante mille au fil de l'épée..

SERMENT D'ANNIBAL.

les organiser pour la défense de la patrie ; un homme dont l'ascendant fût capable d'apaiser les disputes stériles et de réunir toutes les forces de Carthage pour les tourner contre l'ennemi commun. Il faudrait que son prestige sût maintenir la discipline dans nos troupes, exciter leur courage, enflammer leur enthousiasme ; Carthage alors pourrait balancer la fortune de Rome.

Annibal. — O mon père ! que ne suis-je en âge d'accomplir tous vos grands desseins ! Je serais fier d'être cet homme supérieur, capable de grandir la gloire de notre cité et de la rendre toute-puissante contre son ambitieuse rivale.

Amilcar. — O mon fils ! comme je prie les Dieux de te donner cette noble et grande mission !

Annibal. — Dites-moi, mon père, ce que je dois faire afin de mériter que les dieux me choisissent pour être le sauveur de Carthage ?

Amilcar. — Il faut être bon, chercher à connaître leur volonté, et, par ta valeur et ta piété, te rendre digne de leur protection.

Annibal. — Ai-je fait jusqu'ici tout ce qu'il fallait pour leur être agréable ?

Amilcar. — Oui, mon fils, ta conduite, jusqu'à ce jour, est digne de tout éloge. Je vois en toi les vertus nécessaires à l'accomplissement d'un rêve que je fis un jour.

J'ai toujours pensé que mon fils serait le plus terrible adversaire des Romains. Les dieux me l'ont montré dans un songe, couvert des lauriers de la victoire.

C'était en Sicile. Le sort des armes nous avait été contraire. Le désespoir s'était emparé de mon âme. Pour grossir mon malheur et celui des Carthaginois, le consul Lutatius, notre vainqueur, eut l'insolence de me demander mes armes. Je lui répondis avec une fierté qui le déconcerta : « Jamais, je ne te rendrai mes armes; c'est pour te combattre qu'on me les a données. N'exige point cette lâcheté d'un chef carthaginois. »

Annibal. — Votre héroïque réponse excite ma colère contre ces avides Romains.

Amilcar. — Malgré la fatigue et l'accablement, je ne pus trouver un moment de sommeil. Le lendemain, sur la sixième heure, comme le soleil dardait ses rayons les plus ardents, nous ramions sur une mer calme et tranquille; déjà plus de trente stades nous séparaient des rivages de la Sicile. Tout l'équipage était sombre: la tristesse de l'humiliation et de la défaite se lisait sur les visages. Je réfléchissais avec amertume aux conséquences du triomphe des Romains.

Ma haine croissait encore contre ces ennemis acharnés de Carthage.

Insensiblement le sommeil vint appesantir mes paupières, et je m'endormis profondément, bercé par un vague espoir d'une vengeance éclatante. Tout à coup, ô mon fils, je te vis, grandi et devenu un guerrier valeureux, traversant des pays inconnus, à la tête d'une nombreuse armée, parcourant des monts et des vallées, franchissant des fleuves et des montagnes couvertes de neiges éternelles, triomphant de mille obstacles, que jamais armée n'avait rencontrés. Je te vis, ô mon fils ! tailler en pièces les Romains dans un beau et charmant pays. Je t'encourageais de la voix et du geste ; j'étais au comble du bonheur. Puis je vis ces fiers sénateurs, s'humilier à tes pieds. Oubliant nos malheurs passés, j'aurais voulu que la ruine et l'incendie de Rome fussent venus compléter ce tableau si consolant. Je me disais enfin : Carthage triomphe, que les dieux soient bénis ! Voilà, mon fils, ce qu'un songe flatteur me fait présager sur ton avenir.

Annibal. — Je ne négligerai rien, ô mon père ! pour que votre songe se réalise. Puissent les immortels nous devenir favorables et nous montrer bientôt Rome vaincue par nos armes et les sénateurs réduits à implorer notre clémence.

Amilcar. — Montre-toi, ô mon fils ! montre-toi digne de cet honneur, que les dieux m'ont fait voir en songe, pour fortifier mon courage et animer mon espérance.

Mais sache bien, que Rome ne peut être vaincue qu'en Italie. Avant de partir pour l'Espagne, viens, conduis les compagnons de ton enfance, et devant eux, et devant toute l'armée, jure, sur l'autel des dieux de la patrie, d'employer toutes tes forces, toutes les ressources de ton intelligence, à combattre les Romains ; jure-leur une haine éternelle, et si tes soldats devenaient infidèles à ta cause, parcours la terre et cherche en tous pays des ennemis aux vainqueurs de ta patrie.

Annibal (s'approchant de l'autel). — Je **jure** par les dieux, par la mort et par le Styx[1]; oui, je jure devant l'image de la patrie une haine éternelle aux Romains. Puisse ce fer m'immoler le jour même où je manquerai à mon serment. Que les justes dieux, qui voient la sincérité de mon serment, me précipitent au fond du noir Tartare, si je deviens jamais parjure !

Amilcar. — Mon fils! voici tes armes et le plus beau cheval qui soit venu des plaines de Numidie; sans retard, partons pour l'Espagne où la gloire nous attend.

1. Jurer par le Styx, c'était faire le serment le plus solennel.

TRIBUNE AUX HARANGUES

BIOGRAPHIE D'ANNIBAL

Annibal fit ses premières armes en Espagne, sous les yeux de son père. A la mort d'Amilcar Barca, Asdrubal, beau-frère d'Annibal, prit le commandement des troupes et continua, avec le même succès, les conquêtes carthaginoises. Mais il fut tué par un Gaulois, qui vengeait, par ce meurtre, un mécontentement personnel. Annibal lui succéda. Les suffrages du peuple et de l'armée furent d'accord pour lui confier le commandement des troupes.

On voyait en lui, les mêmes qualités que dans Amilcar. Le fils était l'image du père. Il attira tous les regards. « C'était, le même feu dans les yeux, la même vigueur martiale dans l'air du visage, les mêmes traits et les mêmes manières ; mais, ses qualités personnelles le firent encore plus estimer. Il ne lui manquait presque rien de ce qui forme les grands hommes : patience invincible dans le travail, sobriété étonnante dans le vivre, courage intrépide dans les plus grands dangers, présence d'esprit admirable dans le feu même de l'action, et, ce qui est le plus surprenant, il avait des manières douces et insinuantes, une prudence consommée, un génie souple, également propre à obéir et à commander ; en sorte qu'on ne pouvait dire de qui il était le plus estimé, ou du peuple ou de l'armée. »

Il exerça sur ses troupes un ascendant, un prestige qui n'a été atteint que par Turenne, et n'a peut-être été dépassé que par Napoléon Ier. Il ne faut, dès lors, pas s'étonner de toutes les merveilles qu'il a opérées, merveilles auxquelles on ne pourrait croire si l'on ne connaissait la puissance que cet illustre général exerçait sur son armée. Le passage du Rhône, et plus encore celui des Alpes, qu'aucune armée, avant lui, n'avait franchies, étonnent encore aujourd'hui. On croirait à des fables inventées par les poètes pour louer une race de géants ; tant il est vrai de dire, que l'homme qui emploie toutes les ressources de son intelligence, toute l'énergie de son courage à atteindre un but déterminé, arrive toujours à ses fins.

Le génie d'Annibal était soutenu et fortifié par sa haine contre les Romains, haine qu'il leur avait vouée par serment sur l'autel des dieux.

Bien qu'il eût éprouvé des pertes considérables au passage des Alpes et dans les plaines de l'Arno, inondées par les pluies et la fonte des neiges, Annibal ne se découragea pas. Il lutta contre les éléments avec une énergie digne d'un grand homme. Il perdit même un œil pendant cette traversée ; malgré sa souffrance, il marcha dans l'eau et dans la boue, qui lui montaient jusqu'à la ceinture avec cette allure et cette fierté de volonté qui font seules des prodiges. Son exemple entretint toujours le courage de ses soldats épuisés pourtant par les fatigues d'une longue et pénible campagne. Il relevait l'ardeur de ses troupes, par l'assurance de prochaines victoires sur les Romains, qu'il leur montrait à quelques journées de marche. On les rencontra, en effet, sur les bords du lac de Trasimène[1]; et on gagna sur eux une grande bataille. Bientôt après, Annibal remporta sur Paul-Émile et Varron la mémorable victoire de Cannes, avec une armée de moitié inférieure en nombre à celle de Rome. Annibal avait à peine cinquante mille hommes et les Romains étaient environ cent mille. Cette défaite faillit anéantir Rome. Quatre-vingt mille hommes y perdirent la vie et avec eux Paul-Émile qui avait lutté en brave, tandis que Varron avait pris la fuite. Annibal avait perdu huit mille hommes seulement tombés au premier choc des légions romaines.

La plupart des historiens ont blâmé Annibal de n'avoir pas marché sur Rome immédiatement après la victoire de Cannes. En cela, ils s'en rapportent à la parole de Maharbal, l'un de ses officiers, qui, ne consultant que sa valeur, sans voir l'état des troupes, dit à Annibal : « Laissez-nous marcher sur Rome avec la cavalerie carthaginoise et dans cinq jours, nous souperons au Capitole ».

1. Aujourd'hui, lac de Pérouse.

Sur le refus d'Annibal, il ajouta : « Grand homme, tu sais vaincre, mais tu ne sais pas profiter de la victoire. »

Pour apprécier sagement la conduite d'Annibal, dans cette circonstance difficile, il faut considérer que ses troupes étaient fort épuisées, ainsi que les ressources dont il disposait dans un pays étranger. Rome, au contraire, malgré son désastre, était chez elle, avec les débris des troupes qui avaient combattu à Cannes, elle pouvait encore mettre sur pied une armée respectable et tenir Annibal en échec, même après son triomphe.

Pourquoi enfin tant de prudence de la part d'Annibal, s'il est vrai d'admettre, avec plusieurs historiens, qu'il eût été plus sage de marcher sur Rome après la victoire de Cannes, lorsque, en d'autres circonstances, il avait été si hardi, avec si peu de ressources? Pourquoi cette hésitation chez un homme, d'ordinaire si entreprenant et si plein de confiance dans sa valeur et dans celle de ses troupes? Pourquoi?... Pourquoi Napoléon Ier, que l'on peut rapprocher d'Annibal, s'est-il perdu par trop de témérité, lorsque, en général habile, il joignait la prudence à la valeur?... C'est, qu'en cela, il faut voir l'action supérieure de la Providence, qui dirige tout ici-bas et croire, dans les événements humains, à la vérité de cet axiome, que « l'homme s'agite, mais que Dieu le mène ».

Après la bataille de Cannes, Annibal envoya à Carthage, comme trophée de son triomphe, trois boisseaux d'anneaux d'or enlevés aux chevaliers romains, qui avaient succombé dans l'action, et demandait en même temps du secours. Mais, la faction contraire aux Barca, s'y opposa en disant : « Si Annibal est vainqueur, comme il nous le fait dire, il n'en a pas besoin ; s'il est vaincu, il n'en mérite pas. »

Annibal, abandonné de sa patrie, et livré à ses propres ressources dans un pays étranger, ne put rien entreprendre de sérieux en Italie. Il tourna ses regards vers l'étranger, mais il fut obligé de quitter bientôt la péninsule pour aller en Afrique défendre le territoire de Carthage contre Scipion. Il vint présenter la bataille aux Romains, dans les plaines de Zama, à cinq journées de marche de Carthage. Malgré les habiles dispositions du vainqueur de Cannes, malgré sa valeur personnelle, ses troupes mercenaires furent vaincues. Les Romains se vengèrent de leurs défaites en Italie, enlevèrent aux Carthaginois leurs éléphants, leur flotte, et exigèrent une indemnité de guerre de cinquante millions de francs environ de notre monnaie.

Annibal entra alors dans Carthage qu'il n'avait pas vue depuis trente-six ans. Il trouva que tout avait changé depuis son départ pour l'Espagne. Ce n'était plus cette ville, fière de sa liberté, qui eût tout sacrifié plutôt que son indépendance. Les caractères s'étaient affaiblis, l'austérité des mœurs avait disparu ; le luxe, la mollesse avaient pris la place des vertus civiques qui brillaient à Carthage, comme à Rome, durant la jeunesse d'Annibal. Chaque famille importante voulait dominer, former une faction puissante et asservir la faction adverse. C'était partout l'égoïsme et l'intérêt privé qui dictaient les lois et animaient les citoyens; plus de générosité, plus de grandeur dans les caractères, plus d'enthousiasme pour la guerre; l'honneur des grandes choses avait disparu, l'histoire de Carthage et son héroïque origine s'étaient effacées du souvenir de ses habitants livrés au plaisir; il n'y avait plus de dévouement à la cause publique.

Les bourgeois pleuraient en voyant Annibal compter aux Romains l'or à poignées pour payer l'indemnité de guerre. A cette vue, le vainqueur de Cannes et le vaincu de Zama ne put contenir son indignation et il s'écria : « Lâches Carthaginois, vous pleurez un peu d'or, et vous n'avez pas versé une larme, quand on ruinait votre commerce, source de cet or, que vous regardez d'un œil si avide; vous n'avez pas pleuré quand nos braves tombaient en Italie et à Zama; vous êtes tristes maintenant qu'il faut payer vos fautes et réparer votre mollesse ! Vous voyez d'un œil indifférent notre patrie humiliée, déshonorée, nos temples profanés, notre liberté enchaînée, et vous pleurez un peu d'or !

« O nation amollie et déchue de ton antique valeur, tu ne mérites que trop le châtiment qu'on t'inflige !...

« C'est après notre triomphe, à Cannes, qu'il fallait m'envoyer et cet or et ces troupes tombées à Zama, et aujourd'hui, peut-être, nous dicterions des lois au Capitole !

« Vous avez sacrifié l'honneur de la patrie à

quelques vils intérêts privés; vous avez travaillé à nos malheurs, et maintenant, vous voudriez en éviter les conséquences!

« Non, non, Carthaginois dégénérés, vous n'avez pas le droit de vous plaindre et votre indigne conduite à mon égard me donne droit de ne point vous laisser ignorer la vérité. Vous avez accablé de responsabilité les chefs de l'armée, et vous avez préparé leur défaite. Ils vivaient de privations et supportaient tout le poids de la guerre, tandis que vous jouissiez de tous les plaisirs, sans préoccupations pour l'avenir; vous fomentiez, dans la ville, des troubles et des dissensions pour satisfaire vos jalousies, vos haines personnelles. Au lieu de cela, il fallait vous unir pour seconder notre armée et la secourir à temps; pour réparer ses pertes, doubler ses forces, exciter son patriotisme par vos encouragements. Il fallait retrancher quelque chose de vos délices et vous ne l'avez pas fait. Mais les Romains étaient loin de Carthage; vous pensiez peut-être qu'ils n'oseraient jamais venir troubler vos plaisirs et secouer votre indolence! Quand le caractère d'une nation s'est ainsi amolli, cette nation est bien près de sa ruine. Vous aviez charge de conserver la société et vous l'avez perdue! Quelle responsabilité pèsera sur vous!!!...

« Vous avez élevé la jeunesse sans respect pour la religion, sans piété pour les dieux, sans espérance dans l'avenir. Je ne vois partout dans Carthage que des écervelés aux mœurs honteuses, aux principes relâchés pleins d'eux-mêmes, regardant avec insolence et mépris les plus honnêtes citoyens. Comment avez-vous pu oublier ainsi le plus sacré des devoirs qui est la formation de la jeunesse? Pensez-vous pouvoir opposer à Rome cette génération amoindrie et reconquérir, quand même, l'honneur de la patrie? Non, non, il nous faudrait une race de héros, et vous n'avez pour lutter contre elle que des soldats dégénérés, qui n'ont point les vertus de leurs pères. Sachez, pourtant, qu'une nouvelle lutte, plus terrible que la première, s'engagera bientôt; sachez que Rome est insatiable. Elle ne se contentera pas de l'or que nous lui avons donné, ni de notre flotte, ni de notre commerce dont elle est désormais maîtresse; il lui faut Carthage elle-même, il lui faut son territoire, son existence, sa vie, sa ruine complète. Voilà ce que veulent les Romains!

« Revenons à notre sagesse antique, à notre sobriété, à notre amour de la patrie, si nous voulons devenir forts contre Rome! »

Malgré la sévérité de ce discours, les suffètes nommèrent Annibal à la première dignité de Carthage. En peu de temps, les choses publiques prirent une tournure nouvelle. Son génie, aussi administratif que militaire, mit promptement de l'ordre et de l'économie dans toutes les parties de son gouvernement. Il réparait insensiblement les pertes, redressait les mœurs, relevait les cœurs amollis et allait faire naître une ère nouvelle.

Heureuse la société, heureuse la nation qui sait placer à sa tête un homme prudent et énergique, qui, se laissant guider par les maximes de la sagesse, observe les lois et les fait observer aux autres, qui sait éloigner de son administration l'intrigue et la flatterie, et qui conduit le peuple au bonheur par les voies de la vérité et de la vertu.

Carthage revenait donc rapidement à son ancienne prospérité, lorsque Rome s'inquiéta de voir renaître une puissance naguère si redoutable ; elle demanda aux Carthaginois, qu'on lui livrât Annibal.

Annibal, connaissant les intrigues perfides des Romains et la lâcheté de ses concitoyens, équipa secrètement un vaisseau et s'éloigna de la ville pendant la nuit. Il se retira chez Antiochus, roi de Syrie, et l'engagea à faire la guerre aux Romains. Mais Antiochus fut battu, pour n'avoir pas voulu suivre les conseils de son hôte.

Annibal se retira alors chez Prusias, roi de Bithynie. Il se préparait déjà à porter la guerre aux Romains, lorsque ceux-ci intriguèrent, à la cour de Prusias, pour se le faire livrer. Ne se voyant en sûreté nulle part, et ne voulant pas tomber entre les mains des Romains, qui lui eussent fait souffrir toutes sortes de tourments, il avala du poison et expira en disant : « Je délivre aujourd'hui les Romains de la terreur que je leur inspire. » Ainsi mourut le plus grand des Carthaginois, aussi admirable par ses vertus, que par ses talents militaires.

Ce qu'il faut surtout admirer en lui, c'est une énergie que rien ne peut abattre : difficultés, obstacles de toutes sortes, mauvais vouloir de ses concitoyens, échecs, tout est vaincu par une force de volonté souveraine que rien ne peut maîtriser. A l'âge de neuf ans, il avait juré (Voir le *Dialogue*, p. 73) une haine éternelle aux Romains, et jamais serment ne fut mieux accompli. Lorsqu'il ne lui fut plus possible de servir sa patrie il s'exila volontairement et resta, quand même, fidèle à son serment. Il passa alors en Asie, et alla chercher des ennemis de Rome. Aussi les Romains ne redoutèrent-ils jamais personne comme ils redoutaient Annibal ; son ombre seule les faisait trembler. Ce cri d'effroi : « Annibal est à nos portes », qui se répétait au Capitole, au Forum et dans toutes les rues de Rome, après la défaite de Cannes et y apportait le trouble, résonna toujours à l'oreille des Romains jusqu'à ce que ce grand capitaine les eut délivrés, comme il le dit lui-même, de la terreur qu'il leur inspirait. Son suicide est la seule tache de sa vie. Il n'appartient qu'au Christianisme de nous donner des héros sans faiblesse.

Jeunes gens, imitez Annibal dans sa constance et dans sa fidélité à tenir un serment. Comme lui, vous avez de grands, de plus grands intérêts à défendre contre des ennemis acharnés à votre perte. Ce sont vos principes religieux, vos convictions intimes, que l'on attaquera peut-être par mille endroits à la fois. Défendez-les avec courage et bravoure. Vous ne serez pas vaincus, si vous avez de la foi et de l'énergie.

THIERS ET LAMORICIÈRE

Lamoricière naquit à Nantes, en 1806. Il était donc Breton par la naissance, mais il le fut surtout par la foi et par la bravoure. Il appartenait à une famille de cette noblesse modeste, laborieuse, populaire en Bretagne plus que partout ailleurs.

Les armoiries de Lamoricière étaient trois coquilles d'argent sur fond d'azur, avec cette devise de foi : *Spes mea Deus!* « Mon espérance, c'est Dieu! »

Sa sœur et son frère, toujours vêtus élégamment, quittaient peu le salon. Léon, le futur général, les vêtements en désordre, ardent au jeu, fuyait les visiteurs pour aller courir avec les enfants du voisinage; puis il les rangeait en bataille, et nouveau Duguesclin, il commandait l'attaque.

Il aimait le cheval et montait tous les jours, malgré les craintes et les sollicitudes de sa mère.

Une fois au jeu, rien ne pouvait le distraire, ni l'arracher à ses ébats, si ce n'était la vue d'un pauvre. Il dérobait jusqu'au gibier préparé pour le dîner, afin de régaler les malheureux dont la voix plaintive trouvait toujours un écho dans son âme généreuse. Jamais, il ne consentait à les laisser partir les mains vides.

Léon passa sa jeunesse à la campagne, au château du Chillon[1], dans l'Anjou, où il commença, au sein de la famille, ses premières études. Ce ne fut pas une petite entreprise, que de soumettre cette nature incapable de repos. Cette tâche fut confiée à un jeune professeur chrétien, qui sut captiver le cœur aussi bien que l'esprit de son jeune élève. Le général eut toute sa vie une profonde reconnaissance pour celui qui l'avait initié aux premiers éléments des sciences. Jamais il ne revint dans le pays sans l'aller voir, et il le traita toujours avec la plus franche amitié.

Il continua avec succès ses études au collège de Nantes, alors dirigé par des ecclésiastiques.

De Nantes, il alla à Paris, pour se préparer à l'École polytechnique, avec les Guillaumin et les de Kergorlay. Il eut pour répétiteur Auguste Comte, fondateur du positivisme, dont les doctrines subversives exercèrent une influence si dangereuse sur l'esprit de ses élèves. — La foi de Lamoricière fut fortement ébranlée par les théories du philosophe.

Rien alors ne faisait prévoir en lui le fameux guerrier d'Afrique.

Une chose frappait cependant son entourage et

---

1. Propriété de sa mère. Lamoricière avait un autre château au Prouzel, près d'Amiens.

tous ceux qui l'approchaient : c'était sa ténacité, une persévérance dans l'entreprise, qui est toujours le premier élément du succès. Il fut reçu à l'École polytechnique, et de là, il passsa à l'École de Metz.

On préparait l'expédition d'Alger, il était alors lieutenant dans le génie, à Montpellier. Sa compagnie était désignée pour le départ, lorsqu'on l'avisa, qu'en raison de sa jeunesse, il était âgé de vingt-quatre ans, et de son inexpérience, il devait rester au dépôt. Ce fut un coup de foudre pour notre jeune et bouillant officier qui rêvait déjà les exploits sur le sol africain. Cependant, le père de son ami de Kergorlay, alors pair de France, obtint du maréchal de Bourmont, Breton aussi, que Lamoricière fît partie de l'expédition contre Alger.

Le 4 juillet 1830, Alger se rendit, et Lamoricière, qui s'était distingué, eut l'honneur de hisser lui-même le drapeau français sur la Casbah[1]. Comme officier de génie, il fut chargé de lever le plan de la ville. Il fit ce travail si consciencieusement, qu'on le vit plusieurs fois se jeter à la nage pour aller prendre des mesures.

Lamoricière est le soldat qui personnifie le mieux notre valeureuse armée d'Afrique. Il y resta dix-sept ans. C'est lui qui forma les zouaves, qui organisa les bureaux arabes, et qui fit le plus pour la colonisation de l'Algérie. Homme d'action, il était toujours où il y avait le plus à faire.

Après la prise d'Abd-el-Kader (1847), l'épée de

---

1. Résidence du dey.

Lamoricière devenait moins nécessaire en Algérie, les lois sur la colonisation devant se discuter à la Chambre des députés. Aussi les amis du général lui proposèrent-ils la députation.

Qui, mieux que Lamoricière, pouvait et méritait de représenter l'Algérie au sein du Parlement? — Il y fit aussi bonne contenance qu'en face des habitants du désert. Sa politique fut celle d'un soldat. Elle peut se résumer en deux mots : *droiture* et *loyauté*; il cherchait toujours à *édifier* et jamais à *détruire*.

Après la chute du trône de Louis-Philippe, on lui offrit le ministère de la guerre; mais il le refusa et désigna Cavaignac, comme étant l'homme le plus capable de maintenir l'ordre dans Paris dont les clameurs insurrectionnelles commençaient à se faire entendre.

Le 23 juin, ce fut Lamoricière qui enleva la barricade du faubourg Saint-Martin. Il dormit deux heures sur un billard et remonta à cheval.

Pour balayer le faubourg du Temple, Lamoricière paya généreusement de sa personne. Pendant ces quatre jours d'insurrection, il tomba plus de généraux sur le champ de l'émeute, qu'il n'en avait péri pendant les guerres d'Afrique[1].

Après les *Journées de juin,* il accepta le minis-

---

1. L'insurrection coûta à l'armée sept généraux tués : François Bourgon, Damesme, Regnault, Duvivier, Négrier, Bréa; et cinq blessés : Bedeau, Horte, Lafontaine, Foucher, Courtigis.

Le vénérable et saint archevèque de Paris, Msgr Affre, tomba sur une barricade, victime de son dévouement et de son amour pour son peuple.

tère de la guerre, et Cavaignac, dictateur et président provisoire de la République, disait de lui : « Ce qui m'étonne, c'est que je sois au premier rang et Lamoricière au second. »

Lamoricière fut envoyé comme ambassadeur en Russie, en 1849. Il ne revint de Saint-Pétersbourg, que lorsqu'il eut la certitude que Napoléon préparait un coup d'État. Il fit ensuite opposition à l'empereur, et ayant refusé le serment politique, il fut exilé.

Lamoricière s'était marié, en 1846, alors qu'il était encore commandant de la province d'Oran. Pendant nombre d'années, il avait différé de contracter union, parce qu'il rêvait un idéal qu'il ne rencontrait pas et qui se trouve difficilement.

Il voulait unir sa destinée à un ange de piété, de douceur et de charité; à une héroïne de courage, capable de grande résignation, si le malheur l'atteignait; à une âme qui fût, à la fois, forte et généreuse, simple et laborieuse ; qui aimât le travail et la solitude de la maison, qui détestât la vanité du luxe et des fêtes mondaines. Suivant son énergique expression : « Il ne comprenait pas plus une femme sans piété, qu'un village sans clocher, que le monde sans créateur. »

Il trouva la réalisation de son rêve dans Mlle Amélie d'Auberville, parente de son ami Mgr de Mérode, qui lui donna toujours toutes les consolations qu'il en attendait.

Après le coup d'État de 1851, alors que Lamoricière était exilé en Belgique, Amélie, restée en France, soutenait son courage et fortifiait sa résignation par les lettres, qu'elle lui écrivait du château de Chillon[1].

Nota. — Voir page 102, suite de la biographie du général Lamoricière.

Thiers. — Général, je suis heureux que les vacances parlementaires me donnent quelque loisir, pour venir renouveler au vainqueur d'Abd-el-Kader les sentiments d'estime et de respect, que j'ai toujours professés pour lui.

Lamoricière. — Je suis flatté, Monsieur, de votre courtoisie et de votre déférence à mon égard. Je vous en remercie cordialement.

Malgré la différence de nos opinions politiques, nos vues se sont souvent rencontrées touchant l'Algérie. Je dois même vous avouer, Monsieur, que votre éloquence, à la tribune française, a puissamment contribué au triomphe de mes idées sur notre colonie d'Afrique.

Thiers. — Je le vois, général, vous voulez que nous parlions de ce pays qui a vu tant de dévouements et qui a formé tant de héros désormais illustres.

Lamoricière. — L'histoire a rendu hommage aux talents militaires et à la bravoure de la plupart de

---

[1]. Le dialogue suivant eut lieu au château du Prouzel, en 1860, après les événements d'Italie.

mes compagnons d'armes, et les arts m'ont honoré moi-même plus que je ne le méritais[1].

Thiers. — Non, général, l'habile pinceau d'Horace Vernet en vous immortalisant, a par là même glorifié l'héroïsme de notre armée d'Afrique.

On est fier de voir nos soldats calmes au moment du danger, prudents et disciplinés, monter à l'assaut avec cet enthousiasme héroïque, ce mépris de la vie, qu'on ne trouve que chez des Français.

Lamoricière. — Cette lutte continuelle, ces embûches, ces attaques de chaque jour contre un ennemi insaisissable, avaient accoutumé mes zouaves à se jouer du danger, et les actions les plus éclatantes leur paraissaient ordinaires.

Thiers. — Bien que je connaisse l'histoire de l'Algérie, que je l'aie parfois racontée moi-même, dans mes discours, à la tribune, permettez-moi encore, général, de vous faire quelques questions, pour avoir votre appréciation personnelle dans laquelle j'ai une confiance illimitée.

Lamoricière. — Je suis confus, Monsieur, de votre estime et de votre bienveillance ; mais je serai honoré de répondre à vos questions.

Thiers. — Quelle fut la véritable cause de l'échec du premier siège de Constantine[2] ?

Lamoricière. — Si vous étiez resté au ministère, vous eussiez envoyé des secours avec moins

---

1. Allusion au tableau d'Horace Vernet, qui représente Lamoricière, l'épée à la main, sur les remparts de Constantine, en face des canons ennemis et entouré d'un nuage de poussière.
2. Il avait eu lieu, en 1836, sous la direction du général Clausel.

de parcimonie que ne le fit Molé. Tout manquait hommes, matériel et munitions; c'était une folie d'entreprendre une pareille campagne, avec si peu de ressources. Mais le gouvernement le demandait, les journaux l'exigeaient, et le général Clausel obéit. Quelle triste affaire, pour un général, que de régler sa conduite sur l'opinion ! Je ne faisais pas partie de la première expédition.

Thiers. — Dans la seconde expédition, vous n'étiez guère mieux approvisionnés ?

Lamoricière. — Avec Damrémont[1], l'armée d'Afrique fut portée de trente mille hommes à cinquante mille. On choisit, parmi les troupes de diverses armes, treize mille hommes des plus expérimentés et des mieux aguerris, et, malgré les difficultés des chemins, qui étaient impraticables, on arriva facilement devant Constantine. Les ennemis étaient si bien établis dans leurs positions, se croyaient si sûrs du succès de leur résistance, qu'ils firent à la sommation d'usage cette audacieuse réponse : « Si vous n'avez pas de poudre, nous vous en fournirons; si vous n'avez pas de pain, nous vous en donnerons; mais vous n'entrerez jamais dans la ville. »

Thiers. — C'était une jactance qui cachait leur faiblesse.

Lamoricière. — Les difficultés furent plus gran-

---

1. Général, gouverneur de l'Algérie, qui commanda la deuxième expédition de Constantine (1837) et fut tué le premier jour du siège. Il fut remplacé par le général Valée, qui prit la ville, et sous lequel commandait Lamoricière, alors colonel.

des qu'on ne le croyait à Paris. Un coup de canon priva l'armée de son chef. Les premiers jours du siège, nous fûmes assaillis par une pluie froide et serrée. Les malades, qui n'avaient ni feu, ni eau-de-vie, mouraient de froid. Les chevaux se traînaient dans la boue, amaigris par la faim et la souffrance. Trois jours de plus d'un temps pareil, et l'armée eût été condamnée à une retraite plus désastreuse que la première. Enfin, le soleil se montra et la gaieté reparut avec lui.

Thiers. — Étiez-vous sûr de vos zouaves, en montant à l'assaut avec la première colonne?

Lamoricière. — J'étais si convaincu de leur valeur que, lors même que la moitié de la colonne fût tombée foudroyée, l'autre moitié aurait continué sa route et tous se seraient fait tuer jusqu'au dernier homme.

Thiers. — Aviez-vous prévu que l'ennemi ferait sauter les remparts quand vous seriez sur la brèche?

Lamoricière. — Oui, Monsieur, et nous savions que nous sauterions aussi. Ce n'était qu'en jouant le tout pour le tout, que nous pouvions fixer la fortune de notre côté. Mais, nous nous estimions heureux d'ouvrir par notre mort un passage aux deuxième et troisième colonnes.

Thiers. — Que devinrent vos zouaves après le siège de Constantine?

Lamoricière. — Il n'en restait alors presque plus.

Thiers. — Quelle récompense reçûtes-vous pour tant d'héroïsme?

Lamoricière. — Celle que j'ambitionnais le plus.

Le grand drapeau rouge pris aux ennemis sur la brèche fut porté dans ma tente et déposé sur mon lit[1]. J'eus l'indicible plaisir de l'envoyer à ma mère avec deux peaux de tigre achetées à Constantine même.

Thiers. — Général, que pensez-vous du passage des Portes-de-Fer?

Lamoricière. — Ce fut une expédition qui ne manquait pas de danger. Si l'ennemi se fût douté de notre marche, il aurait pu faire garder les hauteurs par quelques paysans seulement, et ils nous eussent ensevelis avec les pierres qu'ils pouvaient faire rouler sur nous. Cette campagne étonna l'ennemi qui put, après notre passage, contempler cette inscription gravée par les ordres du duc d'Orléans : « Armée française, 1839. »

Thiers. — La ville de Mazagran était-elle fortifiée quand le capitaine Lelièvre la défendit en 1840?

Lamoricière. — Mazagran n'est qu'un petit village sans importance. Des maisons crénelées et fortifiées à la hâte étaient les seuls travaux de défense où cent vingt-trois Français se défendirent comme des lions, pendant quatre jours, contre douze mille Arabes.

---

1. Quand Lamoricière arriva sur la brèche, à la tête de la première colonne, l'ennemi fit sauter les remparts. Cette explosion foudroyante anéantit la première colonne et Lamoricière fut enseveli sous les décombres. Un pan de sa tunique seulement se montrait à travers les débris. On le tira sans savoir qui gisait là. Ce fut Lamoricière qui respirait encore, mais il avait la figure brûlée et une main toute meurtrie. Quatre zouaves firent une civière avec leurs fusils et le portèrent dans sa tente, où il ne reprit connaissance que quelques heures après. En ouvrant les yeux, il sourit et parut se ranimer à la vue du grand drapeau rouge qu'on avait placé, comme un glorieux trophée, à côté de son lit.

Thiers. — Le duc d'Aumale se doutait-il du danger qu'il courait en attaquant la Smalah[1]?

Lamoricière. — Pour se jeter à bride abattue dans cette ville errante, comme le fit le duc d'Aumale, « il fallait n'avoir que vingt-deux ans, ne pas savoir ce que c'est que le danger, ou avoir le diable dans le ventre », comme le disait le colonel Charras, qui faisait partie de cette expédition.

Se figure-t-on cinq cents cavaliers faisant quatre mille prisonniers, parmi lesquels se trouvaient les principaux chefs et employés de l'émir! Si Abd-el-Kader se fût trouvé dans la Smalah, notre colonne eut été anéantie.

Thiers. — La victoire d'Isly fut en grande partie votre œuvre?

Lamoricière. — Il est vrai, qu'en qualité de commandant de la province d'Oran, j'avais dû tout préparer pour assurer le succès. Je dois dire que ce fut le maréchal Bugeaud, qui frappa le grand coup. S'il était lent parfois dans l'administration, sur le champ de bataille, il était prompt à prendre une résolution et savait l'exécuter[2].

---

1. Camp d'Abd-el-Kader — sa suite et tout son entourage — qui fut pris, en 1842, après un combat des plus meurtriers. Horace Vernet a célébré cette victoire du duc d'Aumale, dans un tableau de grandes dimensions, qui se trouve au Musée de Versailles. L'artiste a peint ce combat avec tant de fidélité et de mouvement que, si on ne se tient en garde contre l'illusion, on croit assister à un combat réel.

2. La bataille d'Isly (1844), célébrée par le pinceau d'Horace Vernet, Musée de Versailles, détruisit la puissance d'Abd-el-Kader, lui fit perdre son prestige, réduisit les Marocains, ses alliés, à l'impuissance absolue, et rétablit la tranquillité dans la province d'Oran.

I. 7

Thiers. — Quand Abd-el-Kader se rendit entre ses mains, il n'avait plus de prestige, et il ne pouvait donc rien entreprendre contre l'Algérie?

Lamoricière. — Abd-el-Kader était encore jeune; il avait foi en son étoile et il avait juré de détruire notre domination en Afrique. S'il avait pu passer au désert, il aurait trouvé un point d'appui dans la Kabylie. De là, il pouvait entretenir la révolte dans les tribus mécontentes, et, à une occasion favorable, il aurait pu arriver jusqu'aux portes d'Alger, et vous savez, qu'à la Chambre, on m'a reproché, comme une faute grave, d'avoir ravi la liberté à l'ennemi de la France. La faute eût été pourtant facile à réparer. Ils n'avaient qu'à décréter, ces beaux parleurs, son renvoi au désert, et on eût vu s'il était commode de le rattraper.

Thiers. — Voilà des faits d'armes comme on n'en trouve pas dans les autres peuples.

Lamoricière. — Et combien de héros sont tombés inconnus dans ces vastes régions! leur mort sera ignorée comme leur vie. En expirant, ils tournaient leurs regards vers la France, puis ils regardaient le ciel et murmuraient à leurs camarades : « Ici, où je suis tombé, vous planterez une croix. » Quand le colon défrichera ces terres incultes, il trouvera ces pieux mausolées, ces souvenirs de la foi de nos braves soldats, et il pourra se dire : cette terre a été arrosée du sang français. Heureux s'il dit une prière en souvenir des héros!

Thiers. — C'était l'exception qui mourait ainsi,

car aujourd'hui la prière est à peu près bannie du camp comme de la caserne?

Lamoricière. — Vous êtes dans l'erreur, Monsieur, et on peut faire des lois pour bannir la religion de l'armée, on n'y réussira pas. La prière fait écho dans le cœur de tout bon soldat, et vous ne sauriez concevoir les sentiments chrétiens que montraient nos héroïques zouaves. Dans une expédition où nous livrâmes plusieurs combats, Mgr de Mérode [1] nous avait accompagnés. Il n'y eut pas un seul homme qui voulût mourir sans entendre les paroles du pardon, qui fortifient l'âme, en lui montrant un avenir plus heureux.

Je m'approchai alors de plusieurs de ces soldats. Ils me disaient avec joie : « Mon général, je meurs content pour la France ! Vous direz à ma mère que je meurs en chrétien ! »

Thiers. — C'était sans doute des enfants du peuple, car la foi est encore vivante dans la classe des arriérés?

Lamoricière. — Monsieur, l'armée, où domine le sentiment chrétien, est une armée qui accomplira toujours des prodiges ; l'impie ou l'athée ne seront jamais des héros. Le soldat, que vous envoyez mourir, dans une terre déserte, veut que Dieu soit témoin

---

1. Mgr de Mérode était un prêtre belge, d'un grand talent, qui voulut compléter son instruction en visitant l'Algérie. Il accompagna nos colonnes errantes fort avant dans le désert et fut toujours l'ami et le conseiller du soldat. Il coucha souvent dans la tente de Lamoricière. Nommé cardinal, il devint ensuite ministre de la guerre du pape Pie IX, à la création des zouaves pontificaux.

du sacrifice qu'il accomplit. Malheur à ceux qui le privent de cette suprême consolation !

Et permettez-moi de vous dire, Monsieur, que si vous vous trouviez vous-même en face du danger, comme mes braves zouaves, vous passeriez vite dans la classe des arriérés...

Thiers. — Les colons avaient-ils des sentiments religieux aussi tranchés que ceux des troupes?

Lamoricière. — Pour répondre à votre question, je ne citerai qu'un fait choisi entre mille : Près de la frontière du Maroc, j'avais établi, dans un beau site, un petit poste de paysans. Pour attacher ces braves gens à ce lieu fertile et fort agréable d'ailleurs, je m'étais imposé de grands sacrifices, car je comptais beaucoup sur eux pour surveiller les agissements de l'émir sur ce point. Quelque temps après, je voulus voir l'état du nouveau village. Je trouvai mes gens découragés et abattus. Je les réunis et essayai de relever leur moral; mais je compris, que mes paroles ne faisaient pas grande impression sur ces bonnes gens.

Tout à coup, une femme s'approche de moi et me dit : « Voyez-vous, mon général, nous ne pouvons rien faire ici. — Et que vous manque-t-il donc?... Pourtant vous avez un sol fertile, un climat assez tempéré et un paysage charmant. — Général, nous n'avons pas d'eau, et il nous manque un clocher. — Vous aurez l'un et l'autre. » J'ordonne de creuser des puits artésiens, de construire des citernes, et je marque au milieu du village l'emplacement d'une église. Arrivé à Oran, je leur envoie un prêtre dévoué, avec des fonds pour organiser le culte et des ouvriers pour bâtir l'église.

L'année suivante, Abd-el-Kader parut sur la frontière, et la plupart de nos établissements, sur ce point, furent ravagés ou détruits. Je pensais bien que mon village, comme les autres postes, avait disparu, lorsque j'appris que, au contraire, les habitants avaient fait de leurs maisons autant de forteresses imprenables et qu'ils avaient résisté aux attaques réitérées des Arabes.

Je voulus les aller féliciter moi-même. Ils me répondirent : « Mon général, adressez vos compliments à notre curé. C'est lui, qui d'une main, nous indiquait les ennemis, tandis que de l'autre, il montrait le ciel à ceux qui tombaient sous les coups des Arabes. » Une femme, à l'air épanoui, sortit des rangs et me dit : « Général, que ne fait-on pas, quand on a de l'eau et un clocher ! »

Thiers. — Je me plais à entendre vos récits. Si vous me le permettez, je reviendrai demain à sept heures du matin.

Lamoricière. — Demain, à sept heures, je serai à la messe. A tout autre moment de la journée, je serai à votre disposition[1].

1. Phrase historique.

THIERS ET LAMORICIÈRE

QUESTION ROMAINE

Voir biographie de Lamoricière page 87, où nous avons laissé le général exilé en Belgique.

Après quelque temps de séjour en Belgique, Lamoricière écrivit à sa femme, de venir le rejoindre avec ses deux jeunes filles. Dans sa lettre, si digne d'un père, il disait à sa fille aînée, alors âgée de six ans seulement : « Ma chère petite, assure-toi si le père Meunier[1] a de quoi passer l'hiver. Je serai bien heureux d'apprendre que, par tes soins, le bon vieillard a pu se procurer une vache. Les vieillards sont comme les enfants : ils ont besoin de lait pour se soutenir. Ainsi, ma chère enfant, ce sera la meilleure nouvelle que tu puisses m'apporter de France pour adoucir mon exil. Apprends, toute jeune, à soulager les malheureux. La charité,

---

1. Pauvre vieillard infirme, voisin du château du Prouzel, où se trouvaient Amélie et ses deux jeunes filles.

enrichie de ton innocence, sera plus agréable au bon Dieu, qui aime tant les pauvres. »

Pourtant, depuis les leçons d'Auguste Comte, Lamoricière avait vécu dans l'indifférence ; mais il n'avait jamais été un impie. Il y avait trop de droiture et de grandeur dans cette âme d'élite. La vie errante des camps et ses luttes politiques, pendant des jours troublés, avaient beaucoup favorisé cet oubli des pratiques religieuses. Mais le sentiment religieux n'était pas éteint dans son âme. Son éducation chrétienne et le souvenir de sa première communion ne s'étaient point effacés de son cœur : ce sont des semences précieuses qui tôt ou tard portent leurs fruits.

Lamoricière n'avait pas suspendu sa lyre aux saules de l'exil, mais la vaillante épée du soldat jusqu'au jour où il la reprendrait pour le service de Dieu. Pendant les loisirs de la captivité, Lamoricière sondait son âme ; il l'éclairait, il la fortifiait par des études philosophiques et religieuses. Et jetant un regard sur son passé, il voyait au milieu de la gloire humaine des vides qui l'effrayaient. Il lisait, il étudiait avec cette bonne foi, cette droiture qui suffisent toujours aux hommes de bonne volonté pour connaître la vérité. Insensiblement, elle illumina son âme et bientôt, elle l'inonda d'une lumière toute céleste.

En 1855, le P. Deschamps, depuis archevêque de Malines, prêchait le Carême à la cathédrale de Bruxelles, et Lamoricière suivait ses sermons avec assiduité. — Un jour, l'éloquent missionnaire développa cette pensée que « notre propre conscience est le commencement de la béatitude ou du supplice éternel. »

Cette pensée, si simple et si vraie, fit tant d'impression sur l'esprit de Lamoricière que, le lendemain, il frappait de bonne heure à la porte du missionnaire et lui disait : « Mon père, vous avez éclairé mon esprit d'une lumière nouvelle. J'ai senti, en moi, le ciel et l'enfer. Je veux éviter l'un et conquérir l'autre. »

A la fin du Carême, il remplit de la manière la plus édifiante ses devoirs religieux, négligés depuis son enfance. Il était heureux d'avoir retrouvé la foi de sa jeunesse, il avait cette joie pénétrante, qu'on goûte toujours dans la paix d'une bonne conscience, et faisait part de son bonheur à tous ceux qu'il rencontrait sur son chemin.

Un avocat de ses amis, venu auprès de lui pour débrouiller, au contact d'un esprit si clair, une situation matérielle fort embarrassée, trouva le général captif plongé dans des études fort sérieuses de théologie. Il lui en manifesta sa surprise.

« Mon cher, lui répondit Lamoricière, nous n'avons plus rien à faire ici-bas. C'est là-haut que toutes les âmes honnêtes doivent regarder ! Méprisons les choses de la terre, occupons-nous des choses du ciel, les seules aujourd'hui saintes et respectables. Là, sont la justice suprême, la bonté suprême, le bonheur suprême. En dehors de cela, il n'y a rien, absolument rien ! »

Depuis, il ne fut pas chrétien à demi. Les moindres pratiques religieuses avaient pour lui une grande importance. Réunissant toute sa maison, il faisait lui-même la prière en public.

Le surprenait-on un vendredi dans un buffet, il se faisait toujours servir maigre, et quand le commis voyageur, qui passe trop souvent par dessus les observances religieuses, demandait : « Quel est cet original qui mange de la morue ? » — « Monsieur, lui répondait-on, c'est le héros de Constantine ! »

Le Pape, voyant le pouvoir temporel menacé par les Garibaldiens que soudoyait la franc-maçonnerie à qui le Piémont, servait d'instrument, voulut organiser une armée à ses frais, pour établir une police plus sévère dans ses Etats ; car les ennemis de l'Eglise, préparant déjà leurs projets criminels, y suscitaient des troubles et de sourdes menées.

Pie IX, jetant les yeux sur la chrétienté, distingua Lamoricière, comme étant capable de mener à bonne fin cette grande entreprise.

Il le fit sonder par M. de Corcelles, ambassadeur français à Rome. Celui-ci le rencontra à Paris[1], dans un salon, au moment où le maréchal de Mac-Mahon venait déposer aux pieds de Lamoricière, son ancien général d'Afrique, les lauriers conquis à la tour Malakoff.

M. de Corcelles parla enfin avec enthousiasme de

---

1. Il était revenu de l'exil sur les démarches qu'avaient faites ses amis et ses camarades auprès de l'empereur, car Lamoricière n'avait jamais voulu faire la moindre soumission, ni la moindre doléance à Napoléon III.

la création du corps des zouaves pontificaux. Lamoricière répondit : « Voilà une cause pour laquelle je serais heureux de mourir. » M. de Corcelles, joyeux, en informa aussitôt Pie IX, qui députa auprès du général, Mgr de Mérode, son ami. Celui-ci vint le trouver au château du Prouzel. Lamoricière s'écria : « Quand un père appelle un de ses enfants, le devoir du fils est de partir aussitôt. » Mme de Lamoricière, la douce Amélie, apprenant cette décision, les larmes aux yeux, encouragea son mari à se dévouer pour une si noble et si sainte cause.

Lamoricière partit pour Rome plein d'espoir. Il commença à organiser l'armée du Pape avec une activité et une sûreté de vues extraordinaires. Mais trompé par l'empereur, trahi par les Piémontais, il fut attaqué, après six mois de travail et d'efforts prodigieux, avant d'avoir pu achever cette tâche à laquelle il se donnait de toute son âme. Lamoricière, livré à lui-même, attendant vainement un secours promis par Napoléon III, fut surpris et abandonné seul, à la merci d'un ennemi dix fois plus nombreux et préparé de longue main à ces événements.

Battu à Castelfidardo [1], il s'enferma dans Ancône avec 4,000 hommes, et y soutint un siège meurtrier contre la flotte et l'armée piémontaises. Il ne rendit la ville qu'à la dernière extrémité (septembre 1860), et se remit entre les mains de l'amiral Persano.

---

1. Petit village de la Marche, près d'Ancône, où quatre mille zouaves luttèrent contre quarante-cinq mille Piémontais.

Arrivé près de Brindisi, le vaisseau, qui le portait essuya une violente tempête. Le capitaine ne savait plus quel ordre donner, on courait à une ruine certaine ; mais Lamoricière était là. Il prend alors le commandement du navire. D'un ton calme et ferme, il ordonne une manœuvre habile et l'équipage est sauvé.

Il fut conduit à Gênes, où il recouvra bientôt la liberté. Il alla aussitôt à Rome pour rendre compte au Pape de ce qui s'était passé. Pie IX l'embrassa avec effusion et lui dit : « Mon cher général, vous avez bien combattu pour ma cause et votre exemple fera écho dans les nations catholiques. »

De retour en France, Lamoricière fut reçu en triomphe par les catholiques et par les généraux, ses anciens camarades. Il échappa à toutes les ovations organisées en son honneur. On voulait lui offrir un sabre d'honneur, mais il refusa toujours.

Il se retira à son château du Prouzel où il vécut en fervent chrétien jusqu'à sa mort (1865).

La douleur de sa famille trouva un écho immense dans la France entière et dans toute la catholicité. Tous les évêques firent célébrer des offices en son honneur. On fit plus pour lui, qu'on n'aurait fait pour un prince de l'Eglise.

Ce qui lui valait tous ces hommages rendus à sa mémoire, c'était d'avoir embrassé la cause du Pape avec cette ardeur et cette loyauté qui le caractérisaient.

Thiers. — Général, en mettant votre glorieuse épée au service du pape, ne craigniez-vous pas de porter atteinte à la réputation du héros de Constantine?

Lamoricière. — Je n'ai pas même examiné, si cette détermination pouvait grandir ou diminuer ma gloire. Quand un père appelle à son secours un de ses enfants, le fils doit partir au premier signal. J'ai entendu son cri d'alarme et je suis accouru pour le défendre.

Thiers. — Lorsque Mgr de Mérode vint vous proposer le titre de général de l'armée pontificale, vous fit-il entrevoir les difficultés que vous alliez rencontrer et contre lesquelles vous deviez vous heurter?

Lamoricière. — Nous en parlâmes longuement, et après avoir tout examiné, je ne doutai nullement du succès.

Thiers. — Alors, sans regret, vous quittiez la France où vous aviez trouvé tant d'ingratitude[1], et avec plaisir vous alliez servir une puissance étrangère?

Lamoricière. — Permettez-moi d'abord de vous faire remarquer que la Papauté n'est pas une puis-

---

1. Après avoir combattu dix-huit ans pour la France, la veille du coup d'État du 2 décembre, Lamoricière fut arrêté et conduit à Mazas, de là au château de Ham et ensuite en Belgique. Après cinq années d'exil, quand il rentra en France, ses anciens collègues du Parlement, pour lesquels il s'était si souvent dépensé, le regardèrent comme un homme qui a failli à l'honneur. Ils avaient, eux, attaché leur destinée à celle du vainqueur. Seuls, ses anciens compagnons d'Afrique lui témoignèrent de l'affection et de la reconnaissance.

sance étrangère. C'est la patrie de tous les catholiques, et Rome, est le foyer de la grande famille chrétienne.

J'ajouterai ensuite, Monsieur, que plus on a souffert pour la patrie, plus on s'y attache, et plus son absence cause du chagrin. Il en a toujours été ainsi, quand j'ai vécu loin de la France.

Thiers. — Vous avez dû rencontrer de nombreux obstacles pour créer l'armée avec laquelle vous avez combattu à Castelfidardo.

Lamoricière. — A mon arrivée à Rome, je dus organiser une armée avec des soldats ayant un langage différent, et des mœurs opposées. De tant d'éléments divers il était difficile de former un tout homogène[1]. Mais, avec de la bonne volonté et de la constance, on vient à bout des difficultés les plus graves.

Thiers. — Vous étiez au moins bien secondé par ceux qui vous entouraient?

Lamoricière. — Je me heurtais parfois au parti de la routine, que je mécontentais par mes innovations. Mais le Pape était un homme supérieur; il était sûr de son droit. Il me protégea toujours contre l'intrigue, et je trouvai, à Rome, beaucoup de dévouement pour seconder mes plans.

---

1. Il arrivait des zouaves de toutes les nations, la plupart sans instruction militaire. On estimait comme habiles, ceux qui, dans leur vie avaient tiré un coup de canon. Napoléon, voyant l'habileté d'organisation de Lamoricière, dit à Cavour, ministre piémontais, aux Conférences de Chambéry : « Faites, mais faites vite, pour surprendre Lamoricière. » Et on lui tomba dessus avant six mois d'organisation.

Thiers. — Quels étaient ceux qui vous aidaient dans cette dure tâche?

Lamoricière. — Je ne puis vous citer tous les hommes de cœur qui luttèrent avec moi. Mgr de Mérode[1] fut vite à la hauteur de sa charge. Il travaillait souvent jusqu'à seize heures par jour. Le colonel Blumestihl rétablit à Rome, avec un rare talent, la fonderie de canons qui avait été une des plus importantes de l'Europe, celle où l'on avait fondu les plaques de la colonne Vendôme

Thiers. — Où le Pape trouvait-il des ressources pour vous aider dans les grandes réformes que vous avez accomplies en si peu de temps?

Lamoricière. — De toutes les parties du monde, il nous arrivait des sommes importantes, et si l'on nous eût laissé le temps d'organiser nos forces comme nous l'avions médité, ni les fonds, ni les hommes ne nous eussent manqué. Avec des soldats de bonne volonté, nous eussions triomphé.

Thiers. — Quelle fut la principale cause de la ruine de votre armée?

Lamoricière. — Cette armée n'avait été créée que pour assurer la police dans les États pontificaux et pour chasser les troupes de Garibaldi.

Thiers. — Vous ne pensiez donc pas être attaqué par le Piémont?

Lamoricière. — Qui eût osé imaginer une pareille trahison?

Thiers. — Et sur quelle promesse vous fondiez-

---

1. Mgr de Mérode fut nommé ministre de la guerre du Pape Pie IX. (Voir note p. 99.)

vous pour vous croire assuré que le Piémont n'envahirait pas les provinces que vous défendiez?

Lamoricière. — Sur la parole et sur les actes d'un homme qui aurait pu être l'arbitre de l'Europe en cette question. Mais j'avais eu le malheur de n'être pas de son parti, au 2 décembre. J'avais combattu sa politique, et la haine qu'il avait contre moi, il la porta contre le gouvernement que je défendais. Et puis, Monsieur, quand on pactise avec les sociétés secrètes, on n'aime pas la papauté.

Thiers. — Vous n'auriez pas dû compter sur sa parole et agir en conséquence.

Lamoricière. — S'il n'avait été question que de ma personne, je me serais tenu en garde contre ses procédés trompeurs. Mais Napoléon parlait à l'Europe entière et ce fut lui qui empêcha les grandes puissances d'aller au secours du Pape, sans quoi les nations catholiques, l'Angleterre même, eussent fourni, à Pie IX des armées nombreuses pour arrêter les Piémontais et autres ennemis dirigés par la franc-maçonnerie, qui avait mis au nombre de ses projets la fondation de l'unité italienne.

Thiers. — La cour de Rome avait-elle les mêmes espérances que vous?

Lamoricière. — Comment en eût-il été autrement? Napoléon nous faisait dire, lorsque j'étais attaqué par les Piémontais, que des troupes s'embarquaient à Toulon, et qu'il était prêt à nous secourir. Je ne croyais être que l'avant-garde de l'armée française.

Or, Cavour avait vu l'empereur à Chambéry, et

ensemble, ils avaient décidé que Napoléon nous entretiendrait dans l'illusion d'un secours qui n'arriverait jamais et que, pendant ce temps, les Piémontais nous écraseraient, avec une armée bien supérieure à la nôtre. Voilà, Monsieur, ce que l'histoire appellera le guet-apens de Castelfidardo !

Thiers. — Mais, général, quand vous vous fûtes assuré que vous étiez attaqué par une armée nombreuse et que vous étiez abandonné à vos seules forces, vous auriez dû éviter la bataille.

Lamoricière. — Je ne fus certain de la machination infernale qui causa notre ruine, que longtemps après le combat. Je croyais à quelque fausse manœuvre.

Et puis, Monsieur, l'effusion du sang n'est-ce pas la plus éloquente et la plus noble protestation contre la violence. J'eusse été fier, après avoir sacrifié ma gloire militaire, de donner aussi ma vie pour cette grande cause, si utile à l'Europe et à toute la chrétienté.

Thiers. — J'ai longtemps hésité à me décider pour ou contre le pouvoir temporel des Papes.

Lamoricière. — Ne sentez-vous pas, Monsieur, que le monstre révolutionnaire, poussé par les sociétés secrètes, grandit rapidement? Croyez-moi, il sera plus terrible que l'Islamisme combattu par nos pères soumis à l'Église. N'avez-vous pas entendu, en 1848, ces clameurs, ces appétits grossiers qui menaçaient de dévorer la société ? L'Église seule, Monsieur, est capable de l'apaiser en rétablissant l'équilibre dans les sociétés ébranlées !

Thiers. — Mais, général, aujourd'hui ceux qui sont à la tête des peuples s'éloignent de plus en plus de l'autorité de l'Église ?

Lamoricière. — C'est une folie, que de prétendre conduire les peuples à la liberté et au bonheur sans donner un libre essor à l'autorité spirituelle. Ils n'auront jamais le véritable pouvoir. Ils peuvent triompher un moment, en flattant bassement les passions populaires. Mais la justice et la vérité demeurent et reposent sur des principes invariables et incorruptibles. Oui, Monsieur, ils ont beau se glorifier de leur succès momentané, le monstre insatiable les dévorera, et rappelez-vous cette parole de Bossuet qui devrait les faire réfléchir : « Ils vont à la servitude par la liberté, tandis que nous, chrétiens, nous allons à la liberté par l'obéissance ! »

Thiers. — Je crois comme vous, général, que Victor-Emmanuel fait fausse route dans la question romaine.

Lamoricière. — Avez-vous oublié le mot de M. de Maistre, que vous rappelez avec un éloquent à propos et qui résume toute l'histoire des persécuteurs de l'Église : « Qui mange du Pape en crève. » Victor-Emmanuel ne s'arrêtera pas sitôt en chemin. Il sera porté à Rome par les sociétés secrètes ; il y sera retenu prisonnier par le Grand-Orient d'Italie, qui poussera sur lui ses verrous, et, après avoir été l'instrument et le jouet de la secte, la puissance des rois d'Italie sera brisée par la Révolution ; Rome reviendra à la Papauté ou l'Europe retombera dans la barbarie.

Vous, Monsieur, qui êtes puissant par la parole, qui avez quelque influence sur les destinées de la France, employez votre éloquence en faveur de la question romaine ; moi, je resterai toujours le soldat du Pape, et, dès qu'il aura besoin de mon bras et de mon épée, je volerai à son secours ; ensemble nous travaillerons au bonheur de l'Europe, de l'Église et de la société humaine tout entière.

LE GÉNÉRAL DROUOT

Pour servir d'introduction au dialogue suivant *Thiers et le général Drouot,* nous donnons la biographie de celui que Napoléon Ier appelait le *Sage de la Grande-Armée.* Prisonnier à Sainte-Hélène, il disait à la louange de Drouot : « Si j'avais écouté les conseils du « Sage, » je ne serais pas ici à m'étioler, comme une plante exotique, dans les brouillards d'un océan sans rivages. »

La vie de Drouot est si héroïque et si chrétienne, qu'on ne saurait trop la proposer à l'imitation des jeunes gens auxquels s'adressent plus particulièrement nos dialogues historiques.

J'ignore, si c'est un effet du patriotisme, qui, comme un mirage enchanteur, nous fait voir plus beau, tout ce qui est de la patrie ; mais, nous avouons avec une intime conviction, que les grands hommes de Plutarque pâlissent devant Drouot. Et nous osons affirmer, que nous le croyons plus juste qu'Aristide, plus sage que Caton, plus brave que Scipion. D'ailleurs, ces héros d'Athènes et de Rome, que nous sommes loin de vouloir amoindrir, sont grands, si on se contente de considérer leur vie publique, c'est-à-dire, ce que la gloire humaine envisage et recherche. Mais, si on examine avec quelque soin leur vie intime, on trouve que des qualités brillantes cachent souvent des vices bas et dégradants.

Ce sont les grands hommes du paganisme.

Au christianisme seul, appartient l'honneur de nous donner des héros sans faiblesses, des âmes fortement trempées, qui trouvent dans la pureté des mœurs, dans l'austérité d'une vie sobre et laborieuse, dans l'abnégation et l'oubli d'elles-mêmes, une puissance qui grandit le génie et multiplie les moyens d'action; des âmes qui, se sentant faibles par elles-mêmes, puisent, par la prière, au sein même de la puissance suprême, cette force, cette énergie et parfois cet enthousiasme, qui font des prodiges et dont les effets semblent dépasser la puissance humaine.

N'avons-nous pas tracé le portrait du général Drouot? Si tous ceux, à qui nous le proposons pour modèle, ne sont pas appelés, comme lui, à suivre les hasards de la guerre, tous peuvent au moins imiter son ardeur au travail, sa piété, sa modestie, son désintéressement, son amour et son dévouement pour la patrie. Car ces vertus doivent être l'ornement de tout chrétien, de l'homme public comme de l'homme privé.

Drouot faisait des prodiges de valeur : souvent le succès des grandes victoires lui était dû. Napoléon le proclamait hautement. « Drouot, lui dit-il après la bataille de Dresde, vous êtes un brave; c'est à vous, qu'est dû l'honneur de la journée. »

Pourtant, après l'action, Drouot disait n'avoir été *qu'un serviteur inutile*. C'étaient ses soldats, c'étaient ses officiers, qui avaient bravement fait leur devoir. Oh! que cette modestie est rare!... Trop souvent, on prend pour soi la part qui est due au voisin, et l'on grossit la sienne ; plus souvent encore, on s'en fait une sans y avoir aucun droit. Le loriot a mieux chanté que la fauvette, le moindre rhéteur a dépassé Démosthène, un simple caporal réclame l'honneur de la victoire ; ainsi chacun s'exagère les qualités. Il faut voir et entendre... On oublie trop que la modestie est le parfum et l'ornement du vrai mérite, et que celui qui s'oublie lui-même grandit en estime et en considération.

Comment peindre sa piété? Dès l'âge le plus tendre, Drouot accomplissait tous ses devoirs religieux, avec un sérieux et un sentiment de conviction profonde, qui annonçaient une foi et une maturité d'esprit au-dessus de son âge. Et plus tard, ni l'exemple, souvent funeste à la jeunesse, ni la vie agitée des camps, ni les soucis de la guerre, ne lui firent oublier ses sentiments chrétiens. Il servait son Dieu et ne manquait point à ses chefs. Constamment, il portait sur son cœur l'Evangile, et tous les jours il en lisait quelques passages. Et quand les devoirs de la situation s'y opposaient, il baisait amoureusement ce livre chéri, où il puisait toute sa force et toute son énergie.

Souvent, la veille d'un combat ou le soir d'une bataille, quand tout reposait dans le camp, Napoléon parcourait les rangs de son armée endormie, il n'était pas rare, qu'il trouvât Drouot, assis sur l'affût d'un canon, lisant et priant, à la lumière vacillante d'une petite lampe de campagne.

Quand il se fut retiré du bruit des camps, après la chute de l'empereur, il choisit pour lieu de retraite sa chère ville natale de Nancy, où tant de souvenirs d'enfance parlaient à cette âme d'élite. Là, il recherchait la solitude qui favorise la méditation, le travail et la prière. Aussi se livrait-il à ces trois occupations favorites, qui se partageaient tout son temps avec les œuvres de charité.

Ses amis lui reprochaient ses libéralités, il leur répondait : « Quand je n'aurai plus rien, je demanderai à l'hôpital un des lits que j'y ai fondés pour les soldats malheureux et infirmes, et je suis sûr qu'il ne me sera pas refusé. »

Drouot était heureux, quand on l'invitait à aller présider la distribution des prix chez les Frères ou lorsqu'il lui était donné de passer quelques moments avec les premiers maîtres, qui avaient déposé dans son cœur la semence de tant d'héroïques vertus.

Lorsqu'il devint aveugle, on l'entendit répéter : « Mon Dieu ! que votre volonté soit faite ! Je vous en aimerai davantage. » Et la sympathie, la déférence et le respect qu'on avait déjà pour le bon général augmentèrent encore.

> Aveugle comme Homère ou comme Bélisaire,
> N'ayant plus qu'un enfant pour guide et pour appui,
> La main qui répandra des fleurs sur sa misère,
> Il ne la verra pas, mais Dieu la voit pour lui.

Son âme, alors, se dégagea encore davantage de

son enveloppe terrestre pour mieux s'unir à son Dieu.

Il entendait la messe tous les matins, priait longtemps, et, quand la nuit était venue, alors que le temple était solitaire, Drouot se faisait conduire à l'église et là, à genoux sur les dalles du sanctuaire, il priait de longues heures. Qu'il était beau de voir humblement prosterné devant son Dieu et priant pour la France, celui qui avait mitraillé les ennemis de la patrie !

Son épitaphe fut modeste comme le furent toutes ses actions :

ICI REPOSE, A CÔTÉ DE SON PÈRE ET DE SA MÈRE,
LE GÉNÉRAL DROUOT.

Après ce coup d'œil général, nous allons suivre par ordre chronologique les différents évènements de la vie de Drouot afin de parcourir rapidement les principales phases de son existence.

Antoine Drouot naquit à Nancy, en 1774, et mourut dans la même ville en 1847. Son père, simple boulanger, était obligé de se lever de grand matin et de se livrer à un rude labeur pour nourrir sa nombreuse famille, qui comptait treize enfants.

Antoine était le cadet, ou le second des treize. Comme on le prévoit déjà, il n'eut pour toute fortune qu'une belle intelligence, un grand amour pour le travail et la vertu.

A trois ans, il suivit ses petits camarades à l'école

des Frères, où il ne fut pas admis à cause de son âge.

Que veux-tu, mon enfant? lui dit le maître. — Je veux devenir *savant* comme les autres. — Va jouer, mon ami, tu es encore trop jeune; grandis, et tu reviendras. — Il revint, en effet, s'asseoir sur les bancs de cette école, qu'il devait illustrer et où il commença l'apprentissage de toutes les vertus.

Comme son père avait besoin du secours de tous ses enfants, en âge de l'aider, Antoine, en dehors des heures de classe, travaillait à la boulangerie. Il étudiait ses leçons en portant le pain aux clients de son père. Et sans dédaigner le pétrin, il préférait l'étude.

Un jour (il avait alors dix-neuf ans), qu'il portait du pain en ville, il aperçut, à l'angle d'une rue, une grande pancarte rouge, qui invitait les jeunes gens à se présenter à Châlons, pour subir l'examen de l'Ecole militaire de Metz. Le jeune Drouot sent aussitôt la carrière militaire lui sourire et sa vocation est arrêtée.

Son père, qui ne s'opposa pas à son projet, ne put lui donner qu'un écu de six livres, pour parcourir les quarante lieues qui séparent Nancy de Châlons.

Arrivé dans cette ville, il se rend à l'hôtel de ville, où l'on passait les examens. Plusieurs candidats, beaux messieurs, étaient déjà réunis à cet effet. A la vue d'Antoine, ils s'approchent de lui, et avec un sourire ironique, lui demandent s'il accompagne quelque jeune seigneur. Et Drouot de répon-

dre : « Non, Messieurs, je suis moi-même candidat. »
Un immense éclat de rire acccueille cette réponse.
« Mais, dit l'un, savoir s'il a passé le pont-aux-
ânes? Sait-il seulement ce que c'est que la ligne
droite? » — « Vous ne voyez pas, ajoute un mauvais
plaisant, qu'il a usé ses souliers à la parcourir. » —
« Taisez-vous, disait un autre, c'est un nouvel
Archimède, un autre Pascal, qui va nous apprendre
la quadrature du cercle. » — Et le pauvre Drouot,
déconcerté, accablé par tant de sarcasmes, était sur
le point de pleurer.

Mais bientôt, Laplace, qui devait examiner,
arrive : on fait l'appel des candidats. Quand
Drouot se présenta, Laplace crut que c'était une
méprise et lui dit avec bonté : « C'est ici que l'on
passe l'examen pour l'Ecole d'artillerie. » —
« Monsieur, répondit Drouot, je suis venu pour
cela. » — « Mais n'êtes-vous pas victime d'une illusion et connaissez-vous les matières indiquées au
programme? » — « Monsieur, je les ai étudiées. »
— « Eh bien! asseyez-vous là, et quand votre tour
sera venu, je vous appellerai. »

L'examen commence. Le tableau est une pierre
de touche où bien des présomptueux viennent se
casser le nez. Ceux qui avaient été les plus méchants
dans leur ironie n'étaient pas ceux qui débrouil-
laient le mieux les formules algébriques. Et Drouot
se disait en lui-même: « Il me semble pourtant, que
je pourrais m'en tirer. »

Enfin, son tour arrive. La salle qui s'était dégar-
nie s'emplit de nouveau, car chacun voulait voir et

entendre le petit paysan. L'examen porte d'abord sur des questions faciles. Les réponses arrivent claires et sûres. Laplace, surpris, grandit de plus en plus les difficultés de sa question. Un silence parfait, qui annonce l'admiration, règne dans la salle. Chacun retient son souffle pour mieux entendre. Laplace va aux dernières limites du programme; même aplomb et même sûreté dans les réponses.

L'admiration et l'enthousiasme succèdent maintenant au mépris et à l'ironie. Laplace se lève et lui dit : « Vous avez eu de fameux maîtres! Où avez-vous étudié? — A Nancy, à l'école des Frères, mais j'ai aussi travaillé[1] longtemps seul. Et si vous vouliez bien, Monsieur, continuer encore de me questionner, afin de me faire admettre gratuitement à l'École militaire, vous rendriez bien service à mon père et à toute ma famille, qui est pauvre. » Laplace se rassied et l'examen continue. Il promène Drouot dans tous les sens, sort même du programme, et jamais aucune hésitation ne se fait remarquer dans les réponses du candidat. Laplace n'y tient plus. Il se lève et embrasse Drouot en lui disant : « Vous pouvez désormais vous considérer comme faisant partie du corps d'artillerie. » Et vingt ans plus tard, Laplace disait encore avec

---

1. Son père, qui était pauvre, ne pouvait lui fournir régulièrement une lampe pour étudier pendant la nuit. Drouot se levait à deux heures du matin, et, à la lueur de la flamme fumeuse du tour, il étudiait pendant des heures entières.

enthousiasme : « Le plus brillant examen, que j'aie jamais fait passer, est celui de Drouot. »

La générosité est le propre des jeunes gens. En présence de ce succès, ceux qui l'avaient raillé, deviennent en un instant, ses plus enthousiastes admirateurs. Ils improvisent un pavois et le portent en triomphe dans les rues de la ville. Ce ne fut que le prélude des grands succès, qu'il devait obtenir sur d'autres champs de bataille.

Après deux mois de séjour à l'École militaire de Metz, il fut appelé à la défense de Lille, assiégée par les Autrichiens. Un jour, que le capitaine et le lieutenant en premier étaient absents, il dut commander la batterie. Il la dirigea si bien, qu'il emporta un des principaux ouvrages d'attaque des assaillants. Pour compléter la victoire, il eût voulu qu'on poursuivît l'ennemi. Mais on lui répondit que les troupes étaient fatiguées. « Des troupes victorieuses, s'écria Drouot, n'ont pas besoin de repos. »

Il fut nommé capitaine à vingt-deux ans. En 1800, il fit partie de l'armée de Moreau et se distingua à la bataille de Hohenlinden. Quelque temps après, Moreau célébrant ses victoires dans un banquet, avec ses meilleurs officiers : « Messieurs, dit-il, vers la fin du repas, je n'ai jamais vu de plus belle compagnie que la 4e du 1er régiment d'artillerie. Elle était alors commandée par un enfant, et je vous propose de boire à la santé de cet enfant, qui est le capitaine Drouot. »

En 1804, il fut embarqué à Toulon sur la frégate l'*Hortense*, comme directeur de l'artillerie. La fatigue et le mal de mer abattirent ses forces physiques. Mais près des côtes d'Alger, l'*Hortense* fut attaquée par trois vaisseaux anglais. Drouot, au bruit du canon, s'écrie sur sa couche de douleur : « Qui donc commande mes pièces ? » Il quitte son hamac et court sur le pont. Il dirige si bien le feu, que bientôt les Anglais se retirent. Après le combat, Drouot retombe épuisé et presque mourant sur son lit de douleur.

L'année suivante (1805), l'*Hortense* soutint un combat fameux dans les Antilles, contre l'amiral anglais Calder. Drouot était encore malade, mais l'idée des combats et de la victoire l'électrise à tel point, qu'il ne sent plus son mal. Il commande la manœuvre avec tant d'habileté qu'en un instant la *Cyane* est capturée.

En 1807, il fut nommé lieutenant-colonel et prit part à toutes les principales actions qui se livrèrent en Espagne. En 1809, le 6 juillet, à Wagram, il avait le titre de colonel-major de l'artillerie de la Garde.

Au plus fort de l'action, l'archiduc Charles, par une manœuvre habile, était sur le point d'enlever la victoire à Napoléon. Mais l'empereur s'écrie : « Drouot !... où est Drouot ?... » Drouot accourt. « Voyez ce centre, il faut le mitrailler. » Drouot, malgré le feu de l'ennemi, fait mettre cent pièces d'artillerie en ligne de bataille, fait tirer en quelques heures, quatre-vingt deux mille coups de canon et foudroie l'ennemi.

Tout à coup, il tombe. Ses officiers se pressent

LE GÉNÉRAL DROUOT A WAGRAM.

autour de lui. Il était blessé. On veut l'emporter. « Non, dit-il, restez à vos postes, je puis encore commander. » Il gît sur le champ de bataille jusqu'à la fin de la journée, malgré sa blessure à demi pansée par ses soldats. Pour cet acte héroïque, il fut nommé officier de la Légion d'honneur.

En 1810, il fut créé baron de l'Empire. En 1812, après la bataille de la Moskova, où il se surpassa, il fut nommé commandeur de la Légion d'honneur.

Pendant la retraite, il fut un héros par son courage et son énergie. Lui seul ramena tous ses canons et sauva le plus grand nombre de ses soldats qu'il aimait, qu'il chérissait comme ses propres enfants. « Allons, mes enfants, allons, du courage, leur disait-il souvent, encore un sacrifice, et la victoire est à nous. Du courage! Dieu enregistre nos souffrances. »

Chaque matin, au milieu des steppes de la Russie, couvertes de neige, et en plein air, devant tous ses soldats, il ôtait son uniforme, appendait un miroir à l'affût d'un canon, se lavait et se rasait, puis il faisait sa prière, avec un recueillement, que tous ses soldats admiraient. Sa belle contenance encouragea toujours l'armée, même dans les difficultés les plus pénibles. Il fut admirable à la Bérézina. Après le passage si tristement célèbre de cette rivière (26, 27 et 28 novembre 1812), on avait marché rapidement pour échapper à l'ennemi. La journée avait été fatigante, l'armée campait dans une plaine couverte de neige. Napoléon, accompagné de son ami intime, Duroc, sortit de sa tente pour contempler le spectacle qu'offraient les débris de sa grande armée. Le ciel était sombre, la nuit froide, un brouillard glacial couvrait le camp et enveloppait les tentes. Napoléon était pensif et rêveur. Tout à coup, il aperçoit, comme dans le lointain, une petite lumière, que l'on distinguait à peine dans la brume. « Je veux connaître, dit-il, celui qui, après une pareille journée, veille encore. » Duroc partit et revint bientôt : « Sire, dit-il, *c'est Drouot qui travaille et qui prie.* — Ah ! murmura Napoléon, il y a encore des hommes forts dans cette armée ! »

En 1813, il fut nommé général, et lorsqu'il vint remercier l'empereur, celui-ci lui dit : « Drouot, vous êtes énergique ! — Sire, je ne crains ni la mort, ni la pauvreté; je ne crains que Dieu. Voilà toute ma force. »

Aux batailles de Lutzen, de Bautzen, de Leipzig, ce fut Drouot qui porta aux Prussiens et aux Russes coalisés les coups les plus terribles, avec ces immenses batteries de cent, cent cinquante et deux cents bouches à feu, qu'il manœuvrait avec une rapidité surprenante. D'un coup d'œil toujours sûr, d'une présence d'esprit remarquable, il savait tirer du canon des effets décisifs, et il étonna même Napoléon.

A Leipzig, Drouot se surpassa et suppléa, par l'artillerie, à la faiblesse de notre cavalerie. Trahi par les Saxons, il fallut battre en retraite, tandis que soixante mille Allemands barraient le passage à l'armée française, au défilé de Hanau. Il s'agissait de s'ouvrir un chemin ou rester tous prisonniers. Napoléon a recours à Drouot et lui dit : « Allez voir, Drouot, ce qui est à faire. » Il part au pas de course, remarque une hauteur favorable dont l'ennemi avait négligé de s'emparer, y fait placer cinquante pièces d'artillerie, qui mitraillent les ennemis pendant deux heures. Après un combat acharné, il se rend maître du défilé et l'armée française est délivrée. Ce fut là le dernier exploit de la Grande-Armée, sur le territoire ennemi.

Pendant la campagne de France, Drouot fut toujours au poste le plus dangereux. A Arcis-sur-Aube, Napoléon fut surpris par les ennemis, et n'eut que le temps de se réfugier dans un carré de Polonais[1]. Drouot accourt, et avec ses canons, il dégage l'empereur. Après sa chute, il le suivit à l'île d'Elbe et fut nommé gouverneur de l'île. Il avait la confiance la plus intime et la plus absolue de Napoléon. C'était Drouot, qui contrôlait les recettes et les dépenses, qui dressait le budget, tout ce qui se faisait d'important passait par ses mains. Napoléon ne prenait aucune décision, sans l'avoir communiquée à Drouot.

Pendant les Cent-Jours, il remplit le rôle de major-général de la Garde. Ce fut lui qui reconstitua ce corps d'élite.

A Waterloo, à chaque moment critique, Napoléon

---

1. A la voix de Poniatowski, des Polonais étaient accourus dans les rangs de la Grande-Armée. Ils soutinrent vaillamment la France et nous restèrent fidèles jusqu'à l'abdication de Napoléon, qui leur avait promis de rendre à la Pologne son ancienne indépendance.

s'écriait : « Drouot !... où est Drouot ? » Drouot était sans cesse à ses côtés, multipliant les prodiges, faisant changer le front de ses batteries, à l'arrivée de nouveaux ennemis. Il y fatigua seize chevaux.

Napoléon le considérait comme le premier officier de son armée. Il l'avait surnommé *le Sage de la Grande-Armée*. Comme nous l'avons dit plus haut, à la chute de l'Empire, il se retira à Nancy, sa ville natale, où il se livra, dans le calme de la retraite, aux œuvres de charité, à la prière et à l'étude. Il fut toujours l'homme modeste, l'homme charitable, l'homme de travail et le chrétien sincère. Écolier, soldat, général, à la cour, comme en campagne, pendant la paix comme pendant la guerre, Drouot remplit toujours ses devoirs religieux, les plus simples comme les plus élevés.

Il mourut, en 1847, emportant dans la tombe, avec ses grandes vertus, la vénération de tous ses concitoyens et l'estime de l'Europe, qui avait, à ses dépens, appris à le connaître.

La ville de Nancy lui a fait élever une statue pour honorer sa mémoire, et l'histoire immortalisera son souvenir.

Nous sommes heureux d'apporter une modeste pierre à l'édifice élevé à sa louange et de dire ici le culte, tout particulier, que nous professons pour ce fier soldat et cet héroïque chrétien.

Dans le dialogue suivant, nous supposons que Thiers, composant son *Histoire sur le Consulat et sur l'Empire*, va trouver, à Nancy, le général

Drouot, alors aveugle, pour causer sur diverses questions, qu'il tenait à éclaircir.

On remarquera que M. Thiers est souvent embarrassé par les réponses catégoriques de Drouot. Il évite les questions religieuses et change souvent de sujet.

THIERS ET LE GÉNÉRAL DROUOT

Thiers. — Je suis heureux, général, de profiter de mon passage à Nancy, pour vous offrir mes hommages respectueux, et pour avoir l'honneur de causer avec le premier officier d'artillerie de l'Europe.

Drouot. — Merci, Monsieur, de l'éloge que vous voulez bien me décerner. Mais, apprenez que la Grande-Armée comptait bien des génies qui m'égalaient et bien d'autres qui me surpassaient.

Thiers. — Non, général, Napoléon se plaisait à dire qu'il n'avait jamais connu de meilleurs officiers que Drouot pour l'artillerie, et Murat pour la cavalerie. Et l'empereur s'entendait à connaître les hommes.

Drouot. — C'était un encouragement qu'il voulait me donner, pour quelques manœuvres plus ou moins habiles.

Thiers. — Avouez, pourtant, que c'est grâce à

votre tactique que l'armée française fut victorieuse à Wagram.

Drouot. — L'honneur de cette soudaine inspiration revient tout entier à l'empereur. Il m'appela près de lui et me dit : « Drouot, voyez ce centre qui m'inquiète, il faut le mitrailler. » Je cours aux batteries les plus rapprochées, et je donne mes ordres. Grâce à la valeur des officiers, à l'activité des soldats, et malgré le feu de l'ennemi, nos batteries se mettent rapidement en ligne ; bien secondés par l'infanterie, et protégés par la brillante charge du général Bessières[1], nous pûmes facilement mitrailler l'armée ennemie.

Thiers. — A la campagne de Russie, vous faisiez partie, je crois, de la garde impériale?

Drouot. — J'étais, en effet, colonel d'artillerie dans ce corps d'élite.

Thiers. — Souffrîtes-vous beaucoup dans votre marche en avant?

Drouot. — Notre marche, jusqu'à la Moscova, ne fut qu'une suite de triomphes faciles. Si les vivres

---

1. Bessières (1768-1813), surnommé duc d'Istrie, naquit à Prayssac (Lot); se distingua dans un grand nombre de batailles, et notamment à Wagram. Napoléon lui dit : « Général, il faudrait charger le centre de l'ennemi déjà mitraillé par Drouot, mais il faudrait une charge à fond. » — « Sire, répondit Bessières, est-ce que j'ai l'habitude de charger autrement? » Sa charge produisit son effet et assura la victoire. — Bessières fut tué d'un coup de canon à Lutzen. Napoléon fut tellement affligé de cette perte qu'il resta, toute la nuit suivante, rêveur et désolé, dans sa tente, sans que personne osât le distraire de sa douleur.

Il y a une statue du général Bessières à Prayssac, et une autre à l'entrée du square de Cahors.

manquèrent parfois à certains corps, c'est que l'on conquérait ce pays trop rapidement. Mais, la garde n'éprouva jamais de contretemps fâcheux.

Thiers. — La garde ne donna pas à la bataille de la Moskova?

Drouot. — Si Napoléon épargna l'infanterie et la cavalerie de sa garde, il n'en fut pas de même de l'artillerie : bien placées sur un petit monticule, nos batteries se surpassèrent.

Thiers. — Pourquoi, Napoléon, refusa-t-il de laisser combattre sa garde avec Ney et Murat, qui la lui réclamaient pour achever la victoire?

Drouot. — S'il lui avait fallu recommencer une nouvelle bataille le lendemain, quelles troupes aurait-il pu opposer à l'ennemi? En cette circonstance, Napoléon fut sage.

Thiers. — Restâtes-vous longtemps sur le champ de bataille?

Drouot. — Napoléon avait hâte d'entrer à Moscou, et, le lendemain, la garde se mit en marche vers cette ville.

Thiers. — Napoléon n'avait-il pas prévu l'embrasement de Moscou?

Drouot. — Il fut un peu surpris, quand il vit que l'ennemi lui abandonnait la ville sans la défendre. Néanmoins, il en prit possession, sans se douter du désastre qui l'y attendait.

Thiers. — Vous dûtes avoir beaucoup de peine à sauver votre artillerie de ce vaste incendie.

Drouot. — Avertis à temps, les officiers prirent quelques précautions et montrèrent beaucoup de sang-froid, pour maintenir un peu l'ordre.

Thiers. — A quoi s'occupait Napoléon pendant les deux mois, qu'il resta dans Moscou ruiné ?

Drouot. — Il espérait toujours que le czar lui demanderait la paix ; mais Alexandre ne cherchait qu'à gagner du temps. Napoléon passait des revues et s'occupait de son armée.

Thiers. — Quelle fut, pendant la retraite et surtout au passage de la Bérézina, votre plus grande souffrance ?

Drouot. — Monsieur, ce n'étaient ni le froid, ni la faim, ni les fatigues de la campagne, ni les Russes qui nous inquiétaient, mais la douleur de laisser nos compagnons mourants sur la neige et de voir périr cette brillante armée, l'honneur et le salut de la France.

Thiers. — Et, où puisiez-vous cette force morale, qui apprenait à l'armée à souffrir et à espérer ?

Drouot. — Dans le travail et la prière.

Thiers. — Obligé d'employer tant de ruses pour échapper à la poursuite de l'ennemi, et prévoir tant de difficultés, aviez-vous des loisirs pour prier ?

Drouot. — Voici un livre, qui ne m'a jamais quitté. Que de fois, je l'ai lu dans l'embrasure d'une fenêtre, aux Tuileries, ou appuyé sur l'affût d'un canon ! Et lorsque les soins d'une journée de bataille ne me laissaient point le loisir d'en lire quelques passages, je le baisais amoureusement, je montais à cheval, et volais avec plus d'ardeur à mes canons.

Thiers. — Quel est donc ce livre merveilleux qui faisait naître en vous tant d'enthousiasme?

Drouot. — C'est l'*Évangile*, Monsieur. Le voilà encore, ce livre chéri, qui a parcouru l'Europe sur la poitrine de Drouot.

Thiers. — Quels furent les sentiments de l'armée lorsque l'empereur l'eut abandonnée après la Bérézina[1].

Drouot. — Ce furent des cris, des pleurs et des sanglots. Nous crûmes que la victoire nous avait quittés. Jusqu'à ce jour, je n'avais pas compris le grand prestige que Napoléon exerçait sur ses soldats.

Thiers. — Murat ne commit-il pas une trahison, en abandonnant l'armée pour revenir à Naples[2]?

Drouot. — Il aurait dû partir plus tôt; car il était souvent en mésintelligence avec les chefs des divers corps.

1. Un jour, le courrier de Paris, que l'empereur recevait régulièrement, même dans les neiges de la Russie, apporta à Napoléon la nouvelle de la conspiration du général Malet. D'autre part, l'état de l'Europe devenait inquiétant, et déjà de nouvelles alliances se formaient contre lui. Le 5 décembre 1812, huit jours après le passage de la Bérézina, l'empereur quitta furtivement l'armée pour se rendre, en toute hâte, à Paris, afin de remédier aux difficultés de la situation. L'armée, ignorant le but de ce départ, se crut un moment abandonnée et trahie par son chef dont la présence suffisait pour adoucir tous les maux.

2. Murat était en mésintelligence avec les principaux chefs de l'armée et notamment avec Davoust. Après l'abandon et l'incendie des immenses magasins d'approvisionnement de Vilna confiés à sa garde, abandon et incendie que tous les historiens qualifient de faute grave, il entendit souvent des murmures autour de lui. Voyant son étoile pâlir et craignant pour son royaume d'Italie, il quitta l'armée et se rendit à Naples, après avoir confié le commandement de l'armée au prince Eugène.

Thiers. — Vous préfériez sans doute le prince Eugène?

Drouot. — Murat avait plus d'enthousiasme sur le champ de bataille; mais il était moins heureux dans la conduite de l'armée. Chez Eugène, l'abnégation de soi-même, l'amour du soldat étaient portés jusqu'à l'héroïsme.

Thiers. — A Lutzen et à Bautzen la victoire fut l'œuvre de la vieille garde?

Drouot. — Non, Monsieur, les conscrits firent des prodiges de valeur, et pour des coups d'essais, ils firent des coups de maître.

Thiers. — Pourquoi Napoléon, ne conclut-il pas la paix à Prague?

Drouot. — C'est qu'il y avait, Monsieur, dans ces conférences une puissance qui poussait secrètement à la guerre. Ah! sans l'Angleterre, que de maux auraient été évités à notre patrie.

Thiers. — Napoléon choisit mal son champ de bataille à Leipzig[1].

Drouot. — Nous avions combattu dans bien des

---

1. Napoléon aurait pu choisir, en effet, une position plus avantageuse, mais sa tactique fut toujours de se porter en avant et d'effrayer les ennemis par son audace. Il appuya son armée sur l'Elster, qui n'avait qu'un seul pont, ce qui était un grand obstacle pour la retraite. Pour comble de malheur, un officier mal avisé fit sauter cet unique pont, avant que vingt mille hommes d'élite, qui combattaient encore dans les faubourgs de Leipzig, eussent opéré leur retraite. Ils devinrent les prisonniers des Russes.

Poniatowski se noya en passant le fleuve à la nage, vingt-quatre heures après avoir été nommé maréchal de France, sur le champ de bataille de Wachau (premier jour de la bataille de Leipzig qui dura trois jours).

circonstances moins favorables, et, sans la trahison des Saxons et des Wurtembergeois, la victoire nous serait restée fidèle.

Thiers. — Aussi vous vous vengeâtes cruellement à Hanau !

Drouot. — Nous ne pouvions faire autrement. Il fallait s'ouvrir un passage, l'épée à la main, ou rester tous prisonniers. Et, d'ailleurs, ce fut l'affaire de cinquante pièces d'artillerie, que je fis placer sur une hauteur dont les ennemis n'avaient pas su s'emparer.

Thiers. — Napoléon montra beaucoup d'imprudence et de témérité dans la campagne de France, en voulant combattre seul contre l'Europe tout entière.

Drouot. — Quand le sol de la patrie est envahi, c'est le devoir du chef de la France, et de tout citoyen, de faire leurs efforts pour repousser l'ennemi.

Thiers. — Mais il était impossible d'espérer la victoire ?

Drouot. — Ah ! Monsieur, si ceux qui devaient défendre Paris n'avaient pas capitulé avant l'heure[1], qui sait, si les ennemis n'eussent pas trouvé leur tombeau sous les murs de la capitale.

---

1. Débordé par les ennemis qui arrivaient de toutes parts, Napoléon les laissait avancer sur Paris : son plan était de les acculer contre la capitale et de les prendre entre deux feux. Mais pendant qu'il exécutait son mouvement par Fontainebleau, il apprend que Paris a capitulé, le deuxième jour ; tandis qu'il avait dit aux chefs qui commandaient la place : « Trois jours me suffisent, mais il me faut trois jours, pour exécuter cette manœuvre ; tenez bon, et la victoire restera dans nos mains. »

Thiers. — Vous n'étiez pas riche alors, et Napoléon a dû vous récompenser de tant de dévouement à sa personne?

Drouot. — Avant de partir pour l'île d'Elbe, l'empereur m'offrit deux cents mille francs. Je les refusai. Je l'avais suivi dans le chemin de la gloire, je me trouvai heureux de l'accompagner dans l'exil, sans cette somme. Et, d'ailleurs, qu'avais-je besoin d'argent? je pouvais vivre alors, comme je vis aujourd'hui, avec vingt-quatre sous par jour.

Thiers. — Vous fûtes, je crois, nommé gouverneur de l'île d'Elbe; quel fut votre traitement?

Drouot. — Dans le budget que je devais présenter à Napoléon, les *recettes* n'égalaient pas les *dépenses*. Et je ne portai pas de chiffre pour mon traitement.

Thiers. — Et l'empereur accepta-t-il ce budget?

Drouot. — Il s'aperçut de ma ruse et fixa, dès ce jour, mes émoluments à *six mille francs*. Mais, je n'acceptai qu'à la condition, qu'il me serait permis de les distribuer aux soldats plus pauvres que moi.

Thiers. — Ce fut la discorde entre les chefs de l'armée française, qui amena la défaite à Waterloo?

Drouot. — Si certains chefs ne gardèrent à l'empereur qu'une fidélité douteuse, leur courage du moins ne faiblit point sur le champ de bataille. Pour moi, je fatiguai seize chevaux, et s'il y eut des traîtres, ils étaient à Paris avec Fouché.

Thiers. — Pourquoi avez-vous refusé de servir la France sous Louis XVIII?

Drouot. — S'il y avait eu encore des combats à

INCENDIE DE MOSCOU.

soutenir, l'on m'eût toujours vu sur le champ de bataille. Mais il m'aurait fallu devenir courtisan et blâmer ce que j'avais défendu. Ce n'était point là mon rôle.

Thiers. — Vous deviez trouver la vie heureuse, vivant en sage, dans votre maison solitaire, au milieu du bruit de la ville. Vous jouissiez du calme après la tempête, du repos après l'agitation, mais depuis que vous êtes privé de la vue, l'existence doit être, pour vous, bien pénible et souvent languissante. Aussi, général, je vous plains bien sincèrement.

Drouot. — Je n'ai jamais trouvé qu'il fût ennuyeux de vivre. Depuis que le bon Dieu m'a privé de la vue, l'existence a même plus de charmes pour moi.

Thiers. — Ceci dépasse toutes mes prévisions, et je vous prie, général, de m'expliquer ce mystère.

Drouot. — Monsieur, à mesure que le monde extérieur m'échappait, je sentais, que mon âme s'unissait davantage à son créateur. Et cette causerie avec moi-même, cette prière continuelle, qui murmure en moi, me fait trouver toujours les heures trop courtes et me rend heureux.

Thiers. — Vous attendez donc, je le vois, de Dieu seul la récompense d'une vie si bien remplie.

Drouot. — Oui, monsieur, de Dieu seul !

Thiers. — Et si Dieu vous en laissait la liberté, combien de temps resteriez-vous à l'attendre sans murmurer ?

Drouot. — Toute l'éternité !!!

WITIKIND ET CHARLEMAGNE

Witikind était le chef des Saxons qui luttèrent longtemps, et souvent victorieusement, contre Charlemagne. Quoique vaincus en apparence, les Saxons relevaient toujours la tête ; à la voix héroïque de leur chef, ils reprenaient les armes et détruisaient tous les établissements du grand roi des Francs. Quelle que fût la rigueur de Charlemagne, il ne les réduisit réellement à l'obéissance, qu'après la conversion du fier Witikind.

Pour donner plus d'intérêt à l'action, nous supposons que le fils de Witikind, qui commandait la cavalerie saxonne, fut gravement blessé dans un combat contre les Francs fait prisonnier et remis entre les mains de Charlemagne, qui en eut soin, comme de son propre fils.

Witikind vint ensuite trouver Charlemagne à Attigny-sur-Aisne, pour le supplier de délivrer son fils (785).

La grandeur et la magnanimité du grand roi touchèrent profondément le cœur de Witikind, qui se soumit à Charlemagne et se convertit, sous l'influence de la grâce, à la religion catholique.

Witikind. — Je te salue, Sire. Voilà cinq jours que j'ai quitté le ciel brumeux de la Saxe. J'ai chevauché péniblement, à travers des pays inconnus, couverts de forêts immenses. Et j'arrive enfin à Attigny pour solliciter une faveur de ta noble générosité, car on m'a dit que tu étais bon et humain.

Charlemagne. — Je croyais, au contraire, qu'après tes nombreuses révoltes, tu venais te remettre entre mes mains et partager, comme tu le mérites, le sort de tes nombreux officiers, qui sont mes prisonniers. Est-ce pour faire ta soumission, que tu m'as demandé audience ?

Witikind. — Ta victoire sur le chef des Saxons serait trop facile, et ton triomphe ne t'attirerait aucune gloire.

Charlemagne. — Pour quelle cause as-tu donc sollicité cette entrevue ? Parle, hâte-toi, car les occupations du roi des Francs sont grandes et nombreuses : il n'a pas de loisirs à perdre en conversations inutiles.

Witikind. — Seigneur, tu peux lire sur mon front assombri la douleur qui m'oppresse et l'objet qui m'amène ici. Je viens te demander la grâce de mon fils prisonnier.

Charlemagne. — Ton fils !... que les droits de la guerre ont mis entre mes mains ! ton fils, aussi rebelle que toi ! ton fils, qui a tant de fois entravé la marche de mes troupes ! Mais, c'était lui, qui commandait cette insolente cavalerie, qui nous opposa tant de résistance !

Witikind. — Oui, sire, mon fils a de la fierté et de la bravoure dans le combat, et c'est ce qui me le rend si cher. Il est doublement mon fils et je suis inconsolable en son absence. Mes pleurs ne cesseront, que lorsque tu lui auras rendu la liberté.

Charlemagne. — Pourquoi toi-même, comme une torche incendiaire, as-tu si souvent allumé le feu de la révolte parmi les chefs saxons, qui avaient promis obéissance et fidélité au roi des Francs ? Pourquoi les as-tu engagés à violer la foi des traités? Pourquoi aussi as-tu fait massacrer ces hommes de paix que j'avais envoyés, la croix à la main, pour instruire ta nation, lui apporter un bonheur qu'elle ne connaît pas et qu'elle ne saurait goûter ailleurs que dans la religion du Christ?

Witikind. — Plusieurs fois, j'ai convoqué les chefs saxons dans la forteresse d'Ehresbourg, et là, l'épée levée, autour de la colonne d'Irminsul et d'Odin, nous avons juré de combattre pour nos dieux et pour l'indépendance de la patrie. Et nous avons combattu vaillamment.

Charlemagne. — Pourquoi, après vos défaites, as-tu pris la fuite dans les épaisses forêts de la Germanie, au lieu de venir prêter, avec les autres chefs saxons, le serment de fidélité au souverain des Francs?

Witikind. — Ce n'est point la crainte qui a déterminé ma fuite; mais je ne voulais rien te promettre afin de ne pas engager ma foi. J'avais donc toute ma liberté pour reprendre les armes. Mais, sache que souvent mon fils, dans les assemblées de guerriers, a émis des avis contraires aux miens, et s'il a combattu contre toi, après les traités de paix, c'est que sa piété filiale, ne lui a pas permis de chagriner l'humeur belliqueuse de son père. Sa loyauté a toujours été égale à son courage.

Charlemagne. — J'admire ta fierté, Witikind; mais je ne puis accorder à ton fils une liberté dont vous abuseriez, tous deux, contre moi et contre la sainte cause que je poursuis.

Witikind. — O magnanime roi des Francs! ce n'est point le guerrier qui t'implore, mais le père affligé dont les larmes arrosent tes pieds. O mon fils, toi le fier enfant du Nord, peut-être gémis-tu mourant dans les profondeurs d'un noir et humide cachot !

Charlemagne. — Ma religion m'ordonne de traiter mes prisonniers avec plus d'humanité.

Witikind. — Ah ! je te remercie d'avoir été bon pour lui, il en avait tant besoin ! Un cavalier de ses compagnons, échappé des mains de tes soldats, m'a assuré que mon fils avait reçu dans le sein une large blessure. Dis-moi, ô généreux roi des Francs, dis-moi, je t'en supplie, ce qu'il est devenu de mon fils et ce que tu as fait pour lui.

Charlemagne. — Intrépide comme son père, il combattit vaillamment. Plusieurs fois, mes guerriers faiblirent sous les coups de ses compagnons, qu'il animait du geste et de la voix. Il se trouvait toujours au plus fort de la mêlée et y combattait avec acharnement. La victoire semblait rester dans nos rangs, lorsque je le vis monter sur un de ces vigoureux chevaux de la Frise, encourager les plus vaillants de ses soldats, se mettre à leur tête et porter le désordre dans nos rangs. Mais, peu à peu les Francs firent des vides autour de ton fils, dont la fureur ressemblait à celle d'un tigre irrité. Il ne lui resta bientôt plus qu'une poignée de braves qui gardèrent une contenance héroïque contre nos premiers rangs. Mais vers le soir tout céda à la valeur de mes Francs. Ton fils reçut une blessure, il tomba de son cheval tigré, qui le traîna quelques instants.

Witikind. — O mon fils!...

Charlemagne. — On le releva mourant. Son œil presque éteint conservait encore toute sa fierté, ses lèvres vermeilles se décoloraient visiblement et son sang s'échappait à gros bouillons de sa blessure béante.

Witikind. — O mon fils! pourquoi n'ai-je pas combattu à tes côtés, je t'aurais assisté dans ce moment terrible! Mais dis-moi, ô vainqueur des Saxons, dis-moi ce qu'il devint ensuite.

Charlemagne. — Je le fis porter dans ma tente, où l'on appela les hommes les plus habiles dans l'art de guérir les blessures. Ils retirèrent avec grand soin, mais avec beaucoup de peine, le fer resté dans la plaie. On lui donna ensuite un cordial efficace qui lui rendit ses sens. Il ouvrit enfin les yeux à la lumière et il s'écria : « O mon père! est-ce toi? » A ces mots, je lui tendis une main amie, il la serra croyant tenir celle de son père; ses forces l'abandonnèrent encore. Mais depuis, la fièvre l'a quitté, sa blessure commence à se cicatriser, et bientôt tu pourras embrasser ce fils chéri.

Witikind. — O Charles! qu'avec moi les Dieux des Saxons te bénissent, puisque tu as traité mon enfant comme ton propre fils. Désormais, tu es mon ami, mon bienfaiteur. Je veux accomplir toutes tes volontés. Oui, désormais, je t'obéirai fidèlement.

Charlemagne. — Ne me parle donc plus d'Irminsul, qui n'a pas plus de puissance que l'arbre ou la colonne, qui en est l'image. C'est à mon Dieu, au Dieu des Francs, au Dieu des chrétiens, le seul véritable, que doivent s'adresser tes remerciements; car c'est lui, qui a sauvé la vie de ton fils. Je ne suis qu'un instrument dont il se sert pour conduire les hommes à la vérité.

Witikind. — Oh! le Dieu que tu sers, et qui t'inspire tant d'humanité est sans doute un Dieu puissant et bon. Je veux apprendre à le connaître afin de pouvoir le servir. Un jour, déguisé en mendiant, je m'introduisis dans ton camp, pendant que tes prêtres célébraient ce que vous appelez « les saints mystères ». Au moment où tes guerriers s'inclinaient avec un respect qui me saisit d'étonnement, je vis entre les mains du prêtre, un enfant d'une beauté ravissante, qui me souriait en me tendant les bras. Depuis, j'ai constamment, devant les yeux, les traits de ce bel enfant dont je n'ai pas vu le semblable dans toute la Germanie.

Charlemagne. — Je le comprends, ô Witikind, tu es déjà un bien-aimé de notre Dieu, puisqu'il t'accorde des faveurs qu'il nous refuse, à nous, ses vieux serviteurs. Qu'il en soit loué! C'est lui-même qui t'appelle vers son temple sacré. Réponds à son appel. C'est lui-même, qui t'a conduit ici, et qui a permis que ton vaillant fils tombât entre mes mains, et tout cela, pour ton plus grand bien. Quand tu auras reçu l'eau régénératrice des chrétiens, tu seras mon frère. Tu deviendras un héros chrétien, comme tu as été un héros dans les combats. Tu seras l'apôtre et le bienfaiteur de tes compatriotes.

Witikind. — Quel honneur pour moi de devenir le frère du grand roi des Francs! Oui, je ferai ce que tu voudras et tout ce que voudra ton Dieu. Mon fils et mon peuple viendront aussi à toi.

Charlemagne. — Je te nomme, dès ce moment, grand duc de Saxe et gouverneur de tes peuples. Allons embrasser ton fils, faisons-le participer à notre bonheur, apprenons-lui sa prochaine délivrance, et son retour dans sa patrie!

SOCRATE ET XANTIPPE

Socrate, le plus grand et le plus sage des philosophes, vivait au quatrième siècle avant l'ère chrétienne. Il enseignait la sagesse et les bonnes mœurs à la jeunesse d'Athènes, sa patrie, sans avoir d'école particulière pour réunir ses disciples, comme les autres philosophes et les rhéteurs. Il les instruisait dans les rues, sur les places publiques, partout où il en trouvait l'occasion. Il disait la vérité aux puissants comme aux faibles, et insinuait sa doctrine par des questions simples et graduées; ce qui a fait donner à ce mode d'enseignement, le nom de *méthode socratique*.

Socrate avait épousé une femme d'une humeur fort acariâtre, du nom de Xantippe, qu'il supporta avec une patience extraordinaire.

Ce grand philosophe eut l'intuition de l'existence d'un seul et unique Dieu, souverain et créateur. Il commençait à l'enseigner à ses disciples; mais les Athéniens, si légers, si inconstants, après avoir écouté ses leçons et admiré la sagesse de sa doctrine, l'accusèrent de vouloir détruire la religion des dieux de la cité, et le condamnèrent à boire la ciguë (l'an 400 av. J.-C.).

Xantippe. — Seras-tu donc toujours en retard ?

Socrate. — Ma bonne Xantippe, des affaires importantes m'ont retenu plus longtemps que je ne croyais. Mais, en retour, je t'apporte un appétit capable de faire honneur aux excellents mets que tu m'as sans doute préparés.

Xantippe. — Et dire, que c'est tous les jours que tu me fais ainsi attendre ! N'as-tu donc ni cœur, ni volonté ?

Socrate. — Allons, Xantippe, ne t'emporte pas. Apprends que nous traitions à l'Aréopage[1] une question fort grave, d'où dépend le salut d'Athènes et de la République.

Xantippe. — Ta République et ta philosophie te feront perdre la tête. Ma république et ma philosophie, à moi, c'est de manger le dîner, quand il est servi. Et tu devrais avoir les mêmes vues que moi ; je te l'ai dit mille fois, il faut que tu arrives à l'heure.

Socrate. — Il est de mon devoir de travailler au bonheur de la société, et lorsque, chemin faisant, je rencontre un citoyen, qui a besoin d'être éclairé

---

1. Tribunal chargé de veiller au maintien des lois et des bonnes mœurs d'Athènes.

des lumières de la vérité, je ne puis différer de l'instruire, ni perdre l'occasion de lui faire du bien.

Xantippe. — La société, la société !... qu'elle s'occupe d'elle-même, et toi de tes propres affaires, qui vont d'ailleurs si mal.

Socrate. — Il faut bien, qu'il y ait des hommes dévoués pour s'occuper des affaires publiques, des hommes qui luttent contre les passions subversives, en instruisant le peuple, pour le porter à louer les dieux ; des hommes qui cherchent à faire triompher la vertu par la vérité de leurs doctrines et la régularité de leurs mœurs.

Xantippe. — De quelles sottes niaiseries viens-tu assourdir mes oreilles ? me prends-tu pour une prêtresse des muses, insipide philosophe ?

Socrate. — A vrai dire, tous les hommes ne peuvent ainsi dominer, mais il faut néanmoins des chefs dépositaires de l'autorité, pour commander et conduire les citoyens dans la voie de la prospérité et du bonheur.

Xantippe. — C'est moi qui commande ici, et je voudrais que tu comprisses bien, que le premier degré du bonheur dont tu accommodes tous tes discours, est de rester chez soi, au lieu d'aller parcourir tous les jours la ville, comme un insensé.

Socrate. — Quand on a reçu de la divinité le génie de l'intelligence et du savoir, il faut en faire part à ses disciples.

Nos journées, ma bonne amie, ne sont remplies qu'en proportion du bonheur que nous procurons, à ceux qui nous entourent.

Xantippe. — Ah! cruel! Tu m'en procures à moi du bonheur, en me faisant tous les jours souffrir sans pitié ni merci! Je n'en ai jamais connu auprès de toi. Et tu oses me dire, que ton existence est consacrée au bonheur de tes semblables, impudent, effronté philosophe!... Oui, ta vie sera donc bien remplie, lorsque tu auras endoctriné Athènes avec toutes tes sottises, et que tu auras fait le supplice de Xantippe, ta femme.

Socrate. — Je dois pourtant instruire la jeunesse, partout où elle se trouve : sous les portiques du temple de Bacchus, comme à l'entrée de celui de Minerve, dans les rues, sur les places, dans les festins, comme dans les jeux publics. Socrate doit encore inspirer de la modération à Alcibiade, c'est-à-dire aux ambitieux, aux libertins, et de la soumission aux esclaves. Voilà ma destinée, Xantippe.

Xantippe. — Et ton zèle te rapporte beaucoup de profit, n'est-ce pas? Tu réussis à te rendre ridicule, voilà tout. — C'était le jour de la fête des moissons : Sapho et Leucippe m'avaient accompagnée au Pirée, pour voir monter sur leurs vaisseaux les habitants de Salamine, qui se retiraient de la fête, en chantant des hymnes à Cérès. Et tandis que tu philosophais sur le quai, à un stade[1] de nous, avec de jeunes écervelés, des gamins se moquaient de toi, tiraient le pan de ta tunique, en criant : « Voyez, voyez le philosophe qui débite sa sagesse. » Et cha-

---

1. Le stade valait vingt-cinq pas, soit environ vingt mètres.

cun riait de te voir agir. Cette scène se renouvelle tous les jours, sous les divers portiques, où tu te rends avec les oisifs ou les rhéteurs. On te honnit, on te bafoue, et tu y reviens toujours. As-tu donc perdu le sentiment de ta dignité de citoyen athénien ?

Socrate. — N'excite pas ta bile, ma bonne femme, calme, calme ton humeur chagrine. Ces gens-là sont plus à plaindre qu'à redouter. Et puis j'aime mieux souffrir le mal que de le faire. Si on se moque de moi, c'est un grand bien, parce que ces moqueries m'exercent à la patience. Les dieux savent bien qu'en entrant ici je trouve Xantippe.

Xantippe. — Ils finiront par te traîner dans la boue et par t'arracher la vie. Mais à cette nouvelle, on n'entendra pas les cris, ni les sanglots de Xantippe. Ce sera pour moi le jour de la délivrance. Qu'ils se hâtent donc de faire mon bonheur, puisque tu n'y as pas réussi !

Socrate. — J'ai remis le soin de mes jours entre les mains d'un seul Dieu puissant[1]. Il n'abandonne pas les hommes vertueux.

Xantippe. — Quand tu es ici, tu fais mon tourment ; quand tu es absent, tu le fais encore, car, à toutes les heures du jour, des gens de toutes les conditions viennent te demander, et cela mille fois. Les uns crient : « Où est Socrate ? » les autres se

---

1. Nous avons dit, à la note historique, que Socrate croyait à l'existence d'un seul Dieu.

fâchent de ce qu'il n'y est pas; ils rentrent, ils sortent, ils vont, ils viennent, ils montent, ils descendent. Je ne sais que devenir. J'ai beau fermer ma porte, j'ai beau m'impatienter, je n'en finis pas avec le tapage. C'est un vacarme, c'est un tumulte continuel ; c'est une situation insupportable qui doit avoir un terme, et je veux, Socrate, que cette comédie finisse; elle n'a déjà que trop duré.

Socrate. — Mais, il serait cruel d'empêcher ceux qui ont soif de vérité et de sagesse, de venir se désaltérer à une source, qu'ils trouvent abondante et pure.

Xantippe. — Ma vie n'est pas tenable ici, je préfère aller servir comme esclave dans un village de la sauvage Béotie[1] que de rester plus longtemps la femme d'un philosophe.

Socrate. — Non, non, Xantippe, il faut que tu restes ici. J'ai toujours besoin de toi, ma bonne amie, ma patience est encore si imparfaite ! Et puis, ne faut-il pas que tu apprennes aussi à supporter les maux qui nous assiègent de toutes parts. Ceux qui n'ont pas souffert, ne connaissent pas la vie, et je les plains sincèrement.

Xantippe. — Insupportable sermonneur, que n'es-tu anéanti dans les profondeurs de la terre ou de la mer. Je veux te....

Socrate. — Parle doucement, car on pourrait t'entendre du dehors, et l'on rirait de toi aussi.

---

1. Les habitants de la Béotie passaient pour les plus grossiers de la Grèce.

Xantippe. — Ce n'est pas assez que nos voisins entendent mes justes plaintes. Je voudrais, qu'elles retentissent dans les rues, sur les places publiques, dans les temples et par toute la Grèce. Périsse le jour où le prêtre de Diane unit notre destin ; périssent ceux qui consentirent à cette funeste union, d'où naissent tous mes malheurs ; périsse cette langue que je voudrais t'arracher, pour la réduire en poussière ; périssent tous ceux qui te soutiennent et t'encouragent à ne point subir l'influence de Xantippe ; périssent aussi les dieux s'ils prennent parti contre moi.

Tiens, philosophe imposteur, époux dénaturé, monstre infâme, reçois à la figure ce vase plein d'eau sale ; qu'il te lave la tête encrassée de folie et de bêtise !...

Socrate. — Dans ce violent orage, après tant de tonnerre, il fallait bien un peu de pluie.

FAIRFAX, LORD CAPEL ET SON FILS ARTHUR

OU LE SIÈGE DE COLCHESTER (1648).

Sous Charles Ier, roi d'Angleterre, la guerre civile désola tout le pays. Les troupes royales furent souvent battues par celles du Parlement, que commandait lord Fairfax. Cromwel fut le principal auteur de cette sanglante révolution. (Voir, tome II, *Cromwel et Claypole*.)

Lord Capel était à la tête de l'armée royale.

Après plusieurs désastres, il s'enferma avec les principaux officiers, demeurés fidèles à la cause du roi, dans la ville de Colchester, place forte où Fairfax vint les assiéger. Voyant la résistance opiniâtre et héroïque que l'armée royale faisait aux assiégeants, et connaissant d'ailleurs la haute valeur de lord Capel, Fairfax voulut tenter de gagner, à la cause des fédérés, cet honnête homme, ce brave officier dont la défection eût porté un coup mortel à la cause de la monarchie.

A cet effet, il prépara une entrevue dans une tente

qu'il fit dresser entre le camp des fédérés et la ville. Une fois en conférence, si lord Capel ne se rendait pas à ses désirs, le farouche Fairfax pensait triompher de son ennemi par une infâme machination, digne d'un traître. Le fils unique de lord Capel, âgé de seize ans, étudiait dans un collège de Londres. Il le fit enlever, et, après avoir vainement cherché à séduire le père, il fait paraître le fils enchaîné au milieu d'un groupe de soldats, qui appuyaient un poignard nu, sur la poitrine du malheureux jeune homme. Mais ce coup de théâtre n'affaiblit point le courage de lord Capel, qui demeura aussi inébranlable que le rocher assailli par la tempête.

Dans le dialogue suivant on retrouvera les détails de cette entrevue des deux chefs, et la contenance également héroïque du père et du fils Capel.

Fairfax. — Milord, j'ai ménagé cette entrevue pour vous communiquer des nouvelles fort importantes.

Capel. — Parlez, je vous écoute.

Fairfax. — La ville que vous défendez avec tant de vaillance va bientôt tomber en mon pouvoir.

Capel. — Vous ne l'avez pas encore... Sont-ce là des nouvelles?

Fairfax. — Les vivres vous manquent déjà, vos munitions sont épuisées, et la maladie décime vos troupes ainsi que les habitants.

Capel. — Toutes choses fort exagérées, d'ailleurs, je vous le prouverai bientôt.

Fairfax. — Ecoutez : le parti du roi est désormais perdu. Son armée a été battue par moi à Naseby ; le peuple se soulève de toutes parts contre lui. Ses meilleurs amis l'abandonnent.

Capel. — Dans les partis, il se trouve toujours des lâches qui foulent aux pieds les principes de l'honneur, pour ne chercher que leurs propres intérêts. On peut se passer de ces gens-là, pour faire triompher une cause juste.

Fairfax. — Ne vous obstinez pas à défendre un parti vaincu. Dites-moi, quelle somme voulez-vous pour me livrer la ville ?

Capel (avec indignation). — A moi, de l'argent pour trahir la cause que je sers ! Milord, vous ne me connaissez donc pas !

Fairfax. — Venez avec nous. Tenez, au nom du Parlement dont je suis ici le représentant, je vous offre le gouvernement d'une province et toutes les dignités qui vous seront agréables.

Capel. — Ni l'argent, ni les honneurs ne me feront jamais trahir mon devoir.

Fairfax. — Si vous résistez, quand nous nous serons emparés de la ville, nous vous ferons fusiller.

Capel. — La mort sur le champ d'honneur est glorieuse. Je ne la désire pas, mais je l'accepterai sans bassesse. La trahison empoisonnerait mes derniers jours et serait une tache à jamais infâmante pour ma famille. Non, non, jamais lord Capel ne sera un traître !

Fairfax. — Alors soyez sensible à l'intérêt et à la vie de ceux que vous aimez.

Capel. — Toute ma famille pense comme moi, et si elle m'entendait, elle applaudirait à ce que je dis.

Fairfax. — Est-ce là votre dernière parole ?

Capel. — Oui, je le jure devant vous, et devant ceux qui vous entourent. Je reste fidèle à mon roi et à mon serment. (Il se lève brusquement pour sortir.)

Fairfax. — Arrêtez, vous n'avez pas tout entendu, et puisque je n'ai pu vous convaincre, je vais faire parler quelqu'un qui aura sur vous plus de pouvoir que moi. (En ce moment, le fils de lord Capel entre dans la tente, gardé par des soldats, et l'un d'eux appuie sur la poitrine du jeune homme la pointe acérée d'un poignard prêt à le percer.) Milord, voyez cet enfant, votre réponse décidera de sa vie. Il est libre si vous vous rendez, ou il va être pendu sous vos yeux, si vous résistez plus longtemps.

Capel. — Que vois-je !... malheureux !... Après avoir abandonné notre cause, contrairement à toute justice, par une insigne trahison, vous vous êtes emparé de mon fils !...

Fairfax (à l'enfant). — Parlez à votre père, dites-lui, qu'il me rende cette ville sur-le-champ, et s'il refuse, je le jure, vous allez périr sous ses yeux.

Arthur. — O mon père ! cet homme ne m'arrachera pas une parole contraire aux sentiments que vous m'avez inspirés. Qu'il me tue, s'il le veut ; je mourrai digne de mon père !

Capel. — O mon fils ! tu sais combien je t'aime. Mais, je te déshonorerais si, pour toi, je trahissais mon Dieu, mon roi et mon serment. Non, jamais ! Ta vie est entre les mains de cet homme. On enviera ton sort, si, dans un âge si tendre, tu as l'honneur de mourir pour ton roi et pour ton Dieu. Je pars, je vais défendre la ville jusqu'à la mort!

Arthur. — Adieu, mon père, ne plaignez pas mon sort. — (A Fairfax.) Allons, milord, complétez votre œuvre, consommez votre trahison, donnez l'ordre de me faire périr. Je suis prêt, accomplissez votre serment!

Fairfax. — Non, je n'accomplirai pas une action aussi cruelle. Toute l'humanité maudirait mon nom. Tu me serviras d'otage. J'admire ta fermeté et la conduite de ton père. Gardes, emmenez-le!

Malgré l'héroïsme de leurs chefs, les habitants de Colchester ne purent résister longtemps aux assaillants. Les vivres manquant dans la place, ils furent réduits à une telle extrémité, qu'ils n'eurent bientôt plus la force de tenir leurs armes.

Le Parlement eut la lâche cruauté de faire mourir les principaux officiers qui étaient tous des héros.

JACQUES CŒUR

(1400-1456).

Jacques Cœur était le plus fameux commerçant qu'il y eût en France sous le règne de Charles VII. Il avait à peu près le monopole du commerce avec l'Orient. Ses nombreux navires sillonnaient la Méditerranée, et abordaient en Égypte, en Syrie, en Afrique, etc.

Un des premiers, il avait compris le rôle que pourrait jouer la France, par son commerce et ses relations, dans les contrées de l'Orient.

Sur le frontispice de son bel hôtel de Bourges, Jacques Cœur avait fait graver sa devise à laquelle il fut toujours fidèle : *A cœur vaillant, rien d'impossible.*

Son commerce, lui avait apporté d'immenses richesses, qu'il distribuait avec une munificence toute royale. Il entretenait à ses frais quatre armées, et malgré ses dépenses, il avait pu prêter au roi vingt-quatre millions pour continuer la guerre contre les Anglais.

Nommé argentier du roi, il administra les finances avec sagesse et intégrité, et enrichit le Trésor.

Ruinés par la guerre avec les Anglais (la guerre de Cent-Ans), les seigneurs lui avaient emprunté des sommes considérables. Ne pouvant les lui rendre, ils voulurent se débarrasser de lui par le crime, et lui intentèrent un procès inique, où ses accusateurs devinrent ses juges. Il fut condamné à mort, et ses biens furent confisqués. Charles VII, qui aurait dû défendre son fidèle serviteur, le laissa condamner injustement; il se contenta de commuer sa peine de mort en une prison perpétuelle. On l'enferma dans un couvent de cordeliers, à Beaucaire, où il se fit remarquer par sa piété, sa résignation et sa grandeur d'âme. Un de ses principaux commis, Olivier Duvillage, déguisé en moine, prépara son évasion. Jacques Cœur se retira ensuite à Rome, et le pape Nicolas V, lui donna le commandement d'une flotte contre les Turcs.

C'est pendant cette expédition, qu'il fut tué à Chio (1456).

Le dialogue suivant a lieu à Beaucaire, pendant la nuit, dans le jardin du couvent des Cordeliers.

JACQUES CŒUR ET OLIVIER

Jacques Cœur (seul). — La solitude a des charmes qui m'étaient inconnus. Elle favorise une sainte rêverie que j'aime. Dans le silence et la tranquillité de ce cloître, je goûte plus de douceur et de repos, qu'au milieu du tumulte et du tracas des affaires.

Heureux qui sait mettre ses sentiments en harmonie avec la religion !

Ici, la nature me semble plus belle : les fleurs ont plus de beauté et de parfum, les arbres plus de verdure. Le ciel me paraît plus azuré et le vent plus doux.

Dégagée de tout souci terrestre, mon âme acquiert plus de sensibilité. Comme la nymphe et la chrysalide, elle se détache de l'enveloppe qui la tient captive. Les vains bruits du monde, les clameurs de la foule viennent expirer contre les murs de cette pieuse enceinte, et sont impuissants à troubler mon recueillement. Je n'entends que le chant des oiseaux, qui se réjouissent avec moi, le bruit de l'onde bouillonnante, qui se précipite vers la mer, ou les accents de l'office divin, plein de poésie, surtout à l'heure de Matines. Je vis beaucoup moins par l'esprit que par le cœur. Heureux ceux qui savent trouver leur bonheur en eux-mêmes !

Ah ! les ingrats, en m'enfermant dans cet asile, ils espéraient, sans doute, me rendre malheureux et abréger mes jours en accablant mon esprit ! Était-ce là le payement de mes bienfaits ?... Ils m'ont accusé d'avarice, de concussion et autres infamies dont j'étais incapable. Moi, m'accuser d'avarice, de concussion ! moi qui payais leurs folies, moi dont le plaisir était de fournir au roi l'argent nécessaire pour chasser les ennemis de la France, moi qui lui disais : « Sire, ce que j'ai est à vous ! »

Ah ! pleure, roi infortuné, pleure ! Tes courtisans ont éloigné de toi un de tes sujets les plus fidèles. Où trouveras-tu un ami, qui t'aime autant que Jacques Cœur, et qui te serve avec un dévouement aussi désintéressé ?

Pendant que mes jours s'écouleront, doucement partagés entre la prière et la rêverie, tu sentiras le remords empoisonner tes jours de fête et tes courtisans riront de ta douleur.

Qu'ont-ils fait de la fortune que j'avais amassée avec tant de peine et d'économie ? Ils se la sont partagée. — Au moins auront-ils laissé un morceau de pain à mes fidèles employés ? J'avais rêvé de faire de la France l'entrepôt du commerce avec le monde entier. La Méditerranée eût été un lac français. Quel bel avenir pour ma patrie !... Par son commerce, elle devenait la reine des nations. Elle eût répandu son influence bienfaisante sur tous les peuples de la terre ; elle eût semé sur des rivages inconnus, avec les végétaux et les produits de nos climats, le germe de nos arts et de notre civilisation.

Précédée de la croix, elle eût porté partout le bonheur, en créant de nouveaux rapports, entre les membres épars de la grande famille humaine.

Et, maintenant, tout cela n'est pas même pour moi un rêve, c'est à peine un souvenir !

Seul Olivier, mon cher Olivier, m'avait compris, lui seul eût été capable de sauver quelques débris de cet immense naufrage et de réaliser les rêves de ma noble ambition. Mieux que personne, il connaît les peuples orientaux ; mieux que personne, il eût pu nouer avec eux des relations pacifiques et amicales ; mieux que personne, détournant de leur course, les navires de la Méditerranée, il eût pu porter ailleurs le centre de mon commerce. Mais, peut-être aussi mes ennemis, craignant son influence, l'auront-ils prévenu et enfermé dans quelque sombre cachot. Ah ! s'il en était ainsi, qu'il trouve une solitude, aussi agréable que la mienne, et qu'il y goûte une résignation calme et douce, comme celle de son maître. Puisse son âme généreuse oublier le monde pour ne trouver du bonheur qu'en Dieu seul !

Ah ! qu'ils soient tous heureux et que la France retrouve sa prospérité, en chassant ses avides oppresseurs[1].

Depuis quelques jours, il est arrivé un moine qui semble m'épier. Dans le cloître, au sortir de la chapelle, dans les allées, partout son regard scrutateur semble vouloir me pénétrer. Je trouve à ce religieux des allures un peu étranges, et dans son visage, que je considère furtivement, je crois deviner quelque chose, qui me paraît extraordinaire. Si je l'approche, il m'évite, et souvent il se couvre de son capuchon. — Serait-ce un espion attaché à ma suite? serait-ce une nouvelle victime de l'injustice et de la trahison ? Oh ! alors, il est doublement mon frère ! Sans tarder, j'éclaircirai ce mystère.

A cette heure, tout dort dans le couvent, pas une

---

1. Les Anglais qui l'opprimèrent pendant la guerre de Cent-Ans.

lumière n'éclaire les cellules, la lune seule semble, comme moi, rêver dans le ciel; le vent gémit doucement dans les arbres, il m'invite à la prière et au repos.

Mon Dieu! bénissez Jacques Cœur. Il s'abandonne entre les bras de votre miséricorde; votre Providence sera toujours pour lui une mère vigilante. J'adore vos desseins, ô mon Dieu! et bénis la main qui me frappe.

Mais j'entends du bruit; quelqu'un s'avance vers moi. Voyons! qui donc vient troubler ma solitude à cette heure silencieuse?

Olivier. — C'est celui qui vous aime et qui vous sera dévoué jusqu'à son dernier soupir.

Jacques Cœur. — Quoi! cher Olivier, est-ce bien ta voix que j'entends, n'est-ce point un de ces rêves qui nous trompent si souvent pendant notre sommeil? N'est-ce point une illusion?

Olivier. — Oui, c'est moi-même, ô mon cher et digne maître! C'est pour vous servir, pour vous sauver, que je suis entré dans ce couvent, où je savais que vous vous trouviez, depuis que vous avez été victime de l'intrigue et de la jalousie.

Jacques Cœur. — Je te remercie, Olivier; ta générosité m'était assez connue. Dirais-tu encore adieu à tous les plaisirs terrestres, pour venir ici, partager volontairement ma captivité?

Mais plutôt, tu partageras mon bonheur. Ensemble, cher ami, comme autrefois dans l'embarras des affaires, oubliés des hommes et connus de Dieu seul, oui, dans le recueillement et la prière, nous

VUE DE ROME

coulerons des jours plus calmes et plus sereins que dans le monde.

Olivier. — Qu'importe, il vous faut quitter ces lieux, et reprendre votre place dans la société.

Jacques Cœur. — Que me dis-tu ? Ne me parle plus du monde, ni de ses misères ; laisse-moi vivre heureux loin des hommes, loin des intrigues de l'ambition.

Mes juges croyaient me perdre, ils ne m'ont causé aucun mal ; au contraire, ils m'ont fait grand bien, en me délivrant du souci des affaires. Je leur dois cette chère solitude et tous les plaisirs que j'y goûte.

Olivier. — Vous n'en jouirez pas longtemps, car ils en veulent à votre vie. Il faut leur épargner ce nouveau crime.

Jacques Cœur. — Mes jours sont comptés devant Dieu. Et je sacrifierai aussi facilement ma vie que j'ai sacrifié ma fortune.

Olivier. — Comment pourriez-vous ne pas en vouloir, à ces misérables, qui vous ont dépouillé de tous vos biens, de votre réputation même et qui trament, dans l'ombre, votre mort prochaine.

Jacques Cœur. — Je n'ai de ressentiment contre personne, ma mémoire ne garde le souvenir que des bienfaits. Je puis sourire à mes ennemis.

Olivier. — Heureusement, ils ont trouvé plus d'obstacles qu'ils ne le pensaient. J'ai pu recueillir une grande partie de votre fortune. La plupart de vos serviteurs me sont restés fidèles. Ils seront toujours heureux de vous servir. Nous avons fait le projet de fonder, à Rome, avec la protection et l'appui du Pape, un nouveau centre de commerce où nous pourrons renouer vos anciennes relations, et rétablir vos affaires.

Jacques Cœur. — Ma mission est terminée dans ce monde. Sans me plaindre, je veux accomplir les décrets de la Providence.

Olivier. — Rendez-vous à mes avis. Pourquoi vouloir rester à la merci de vos ennemis qui ont tout organisé, vous dis-je, pour vous faire mourir. Croyez-moi, vos jours sont en danger.

Jacques Cœur. — Je n'ai jamais vu les événements, quels qu'ils fussent, se tromper sur le sort des âmes véritablement chrétiennes. Je reste ici.

Olivier. — D'ailleurs, le roi se repent de vous avoir laissé condamner[1]; vous pourriez encore lui être fort utile.

Jacques Cœur. — Il est entouré de trop de courtisans qui l'obsèdent à toutes les heures du jour. Il est plus à plaindre que moi.

Olivier. — Toutes les difficultés seront vaincues. Et puis, mon cher maître, avez-vous oublié votre héroïque devise : *A cœur vaillant, rien d'impossible!* Si vous êtes insensible aux conseils de votre ami, rendez-vous à la voix du Pape.

Jacques Cœur. — As-tu vu personnellement le Pape?

Olivier. — Je me suis rendu à Rome et nous

---

1. Deux actes d'ingratitude pèsent sur la mémoire de Charles VII. L'abandon qu'il fit de Jeanne d'Arc aux Anglais et la condamnation de Jacques Cœur, qu'il pouvait empêcher.

avons eu ensemble un long entretien. Il m'a répété, à plusieurs reprises : « J'aurais besoin d'un homme qui connût les peuples orientaux, pour négocier avec eux des affaires importantes. Seul, Jacques Cœur pourrait mener à bonne fin ces négociations. Qu'il se rende à mon appel. »

Jacques Cœur. — A la voix du Pape, je n'hésite plus. Je pars, dussé-je mourir en chemin.

Olivier. — Maître, vous me rendez l'espérance et la vie.

Jacques Cœur. — Voyons, quel est ton plan d'évasion ?

Olivier. — Demain, après Matines, je me rends chez le prieur; je lui dis, que je ne me sens pas fait pour la vie monastique. Je me suis assuré qu'il ne s'était point douté de mes projets. Il ne s'opposera point à ma sortie. Un bateau nous attend sur le Rhône, à Tarascon. Demain, à minuit, je traverse le fleuve sur une barque, je fais percer sans bruit le mur du clos, derrière la charmille, et, quand l'aube commencera de poindre, nous serons loin d'ici.

Jacques Cœur. — Plus que jamais, Olivier, j'admire ton dévouement à ma personne, à ma cause. On pourrait s'apercevoir de notre absence. Séparons-nous, et à demain, à minuit.

Jacques Cœur (seul). — Demain donc, je vais quitter ces lieux où j'ai vécu pauvre et oublié.

Saint monastère qui m'abritas pendant des jours heureux, je le sens, je vais regretter tes murs austères. Adieu ! mon bonheur finit avec ma prison. Je retourne dans le monde, où je retrouverai la haine, l'envie et le malheur, mais mon âme est à Dieu, mon cœur, à la France, et les forces qui me restent encore seront au service du Pape et de la religion.

Jacques Cœur et Olivier exécutèrent leur projet, à minuit, comme ils l'avaient comploté.

DUGUESCLIN ET LA RELIGIEUSE

Sous le règne de Charles V, les Anglais espéraient toujours s'emparer de la France.

Après avoir débarqué à Calais (1370), sous le commandement de Robert Knolles, ils se dirigèrent sur Paris, mais ils trouvèrent, sur leur passage, les campagnes ravagées et partout aussi une vigoureuse résistance [1].

Robert Knolles, manquant de vivres, divisa son armée, qui se répandit en petits corps sur les rives de la Mayenne, et fut obligée de mendier son pain.

Duguesclin, qui venait de recevoir l'épée de connétable, ne leur laissa pas un moment de répit. Il les surprit à Pont-Vallain (Sarthe), et sut si bien profiter de sa victoire, que les Anglais ne purent s'échapper. Robert Knolles, voyant sa détresse, fut obligé de licencier ses troupes.

---

1. Ne pas confondre ce débarquement avec celui que fit, en 1373, le duc de Lancastre, à la tête de trente-six mille hommes; il traversa la France, depuis la Somme jusqu'à la Garonne. Mais, arrivé à Bordeaux, il n'avait que six mille hommes hâves et exténués.

C'est pendant cette expédition, qu'eut lieu la défense d'un couvent de religieuses par Duguesclin, dont le dialogue suivant donne l'historique.

Duguesclin. — O bonheur! j'arrive avant les Anglais. Quelle course fatigante! Mais, mon cheval m'a bien servi. Tout est tranquille, tout repose dans ce lieu solitaire; on n'entend que le bruit des eaux. La lune seule semble veiller à la garde de cet asile béni. Les habitantes du monastère dorment paisiblement, sans se douter du danger, qui les menace.

Voyons, examinons un peu l'extérieur du couvent. Le fossé est plein d'eau, les murailles sont hautes, elles paraissent fortes et solides, capables de résister à un assaut; le pont-levis est bien armé de meurtrières, les créneaux et les tours sont en bon état. Tout va bien[1]. Mes compagnons ne tarderont pas à me rejoindre. Ah! messieurs les Anglais, je vous en jouerai plus d'une, avant que vous puissiez aller faire vos dévotions à Notre-Dame de Paris.

Allons, pénétrons dans l'intérieur, préparons tout pour la défense. Mais, comment se faire entendre? Je vais effrayer ces bonnes religieuses qui reposent autour du saint lieu dont la faible lumière se reflète par ce vitrail. Pauvres femmes! Elles ne se doutent pas que la foudre gronde déjà au-dessus de

---

1. Au moyen âge, bon nombre de couvents établis dans des solitudes avaient souvent la même architecture et les mêmes moyens de défense que les châteaux-forts de l'époque, et, comme eux, ils subissaient parfois des assauts et même des sièges.

eurs têtes. (Il frappe à coups redoublés.) **Personne ne vient.** On le voit, le sommeil du juste n'est point agité, même au milieu des orages. (Il frappe encore.) **Enfin, les** voilà réveillées, car j'entends le bruit de pas lointains. Ne les effrayons pas et ne nous faisons pas connaître.

La Religieuse. — Qui frappe à cette heure avancée de la nuit? Est-ce un malheureux qui réclame du secours ou quelque pèlerin égaré dans ces lieux?

Duguesclin. — Je ne suis, ni un malheureux, ni un pèlerin, mais un défenseur de l'opprimé et un ennemi des Anglais.

La Religieuse. — O mon Dieu! c'est un soldat! Ne pourriez-vous pas continuer votre route. Les chevaliers ne sont jamais reçus ici.

Duguesclin. — Moi, je m'arrête partout où la fatigue me surprend, partout où il y a du bien à faire et des ennemis à combattre. Vite, ouvrez ou j'enfonce la porte.

La Religieuse. — Je vous assure, bon chevalier, qu'il n'y a point ici d'ennemis à combattre. Nous ne sommes que de pauvres filles inoffensives, qui partageons notre temps entre le travail et la prière.

Duguesclin. — Sachez, ma Sœur, que je ne fais la guerre ni aux femmes, ni aux faibles, ni aux vieillards. Les enfants et les religieuses sont toujours sous ma protection, et, si je ne suis immédiatement introduit dans votre couvent, pour en organiser la défense, demain, à la naissance du jour, il sera assailli et livré aux flammes par les Anglais, et vous serez toutes prisonnières et livrées aux injures des plus cruels oppresseurs de notre patrie.

La Religieuse. — Mais, qui êtes-vous donc, brave chevalier? Dites-moi votre nom avant que je vous introduise.

Duguesclin. — N'avez-vous pas entendu parler de l'homme le plus laid, qu'il y ait entre Rennes et Dinan, ou, si vous aimez mieux, c'est Bertrand Duguesclin qui vient vous secourir!

La Religieuse. — Oh! le bon connétable! l'ami et le défenseur de la religion, le soutien du faible, du pauvre et de l'orphelin. Oh! soyez le bienvenu, vous, le bienfaiteur de tous les malheureux. Oh? que ne vous ai-je reconnu tout de suite?

Duguesclin. — Bientôt mes compagnons arriveront par des chemins détournés, un à un, deux à deux ou par petits groupes de trois ou quatre[1], afin de ne pas donner l'éveil aux Anglais. Il faut tout préparer pour bien les recevoir. Ils seront, eux et leurs chevaux, exténués de fatigue. Hier, nous avons battu les ennemis avec un grand acharnement; comprenant les dangers qui vous menaçaient, nous n'avons pas voulu prendre du repos et sommes accourus en toute hâte pour vous défendre.

La Religieuse. — Vite, Sœur Justine, vite, vite, faites sonner le lever avec la grande cloche et que toutes les religieuses s'empressent de préparer ce qu'il y a de mieux dans le couvent pour recevoir dignement le bon connétable et ses braves compagnons.

1. La tactique de Duguesclin consistait à *se diviser pour marcher et à se réunir pour combattre.*

Duguesclin. — Je ne veux point pénétrer dans l'intérieur du couvent. Je passerai la nuit dans cette salle extérieure, avec mes hommes d'armes, et demain, quand les Anglais se présenteront pour combattre des religieuses, croyant Duguesclin loin d'ici, nous leur ferons subir un échec dont Édouard sera consterné[1].

La Religieuse. — O mon Jésus ! donnez-nous la victoire...

Duguesclin. — Ne craignez rien, ma Sœur, Duguesclin et ses Bretons n'ont pas l'habitude de trembler devant leurs ennemis. Mais, si nous n'étions pas venus à temps, qu'auriez-vous fait, en face des Anglais ?

La Religieuse. — Nous aurions prié et souffert.

Duguesclin. — Ces deux armes sont bonnes, mais pour combattre, il en faut une troisième.

La Religieuse. — Bon connétable, quel sera notre rôle, au moment du combat ?

Duguesclin. — Vous irez prier à la chapelle le Dieu des armées et les plus courageuses viendront soigner les blessés. Après le combat, je laisserai ici quelques hommes, qui suffiront à repousser toute autre attaque, et je partirai immédiatement après ; peut-être même, ne rentrerai-je pas dans le couvent, car d'autres dangers réclament ailleurs ma présence. Ma Sœur, je vous recommande mes blessés. Qu'ils trouvent ici tous les soins qu'exigera leur état. Vous ferez célébrer un service pour ceux qui au-

---

1. Édouard III, roi d'Angleterre.

ront succombé. Vous soignerez même les ennemis et vous ferez enterrer leurs morts.

La Religieuse. — Toutes vos intentions seront fidèlement exécutées. Que le bon Dieu vous bénisse! et qu'il fasse réussir toutes vos entreprises.

Au point du jour, les Anglais arrivèrent en effet, assiégèrent le couvent, mais ils furent vigoureusement repoussés, comme Duguesclin l'avait prévu.

Quelques jours après, le brave connétable gagnait sur Knolles, la bataille de Pont-Vallain.

Mme SVÉTCHINE, LE GÉNÉRAL, LE MARIN ET LE POÈTE

(VICTOR HUGO)

OU CE QUI M'ÉMOTIONNE LE PLUS

Soymonos Svetchine[1] était une dame russe, convertie au catholicisme par la lecture d'ouvrages de controverse religieuse.

A l'âge de trente-six ans, elle vint se fixer à Paris où la richesse de son esprit, le charme de sa parole et la fermeté de ses convictions exercèrent une grande influence sur tous ceux qui l'approchaient.

Le P. Lacordaire, qui correspondit souvent avec elle, l'avait en haute estime.

Dans ses salons, où se donnait rendez-vous le grand monde poli et lettré, elle posa un jour cette

---

1. Mme Svetchine, née à Moscou en 1782, morte à Paris en 1857, était femme d'un général attaché à la personne de l'empereur Alexandre Ier. Les écrits, qu'elle nous a laissés, sont d'un style harmonieux et pleins de sentiment, remplis d'esprit, mais d'un esprit ferme et vif, et toujours si français, qu'on a de la peine à croire qu'on lit un auteur slave.

question à la société d'élite qui s'y trouvait réunie :

« Qu'est-ce qui, dans les phénomènes de la nature, ou dans les événements de la vie, vous émotionne le plus? »

Un *général,* un *marin,* un *peintre* et un *poète* donnèrent, à tour de rôle, et chacun à sa manière, la réponse à cette question.

Leur solution, pleine de poésie et de vérité, établit, que toujours, il se mêle quelque chose de nous à ce que nous voyons. Chacun sent le beau à sa manière, il le perçoit, s'en forme une image idéale toujours en harmonie avec son instinct particulier, avec ses mœurs, ses habitudes et ses dispositions intimes.

Mme Svétchine. — Qu'est-ce qui, dans les phénomènes de la nature ou dans les événements de la vie, vous émotionne le plus ?

Le Général. — Ce qui produit sur moi la plus vive émotion, c'est la vue de deux armées en présence, portant chacune les vœux et les espérances de la patrie, s'avançant l'une contre l'autre et combattant avec ardeur pour la liberté.

Les sentinelles, en silence, veillent aux avant-postes. De toutes parts, on s'organise avec prudence, on se dispose, on se range, on s'encourage, on se promet la victoire.

Il y a, dans l'air, quelque chose de lugubre, comme un pressentiment de mort, qui vient troubler les espérances. Bientôt le canon tonne, la cavalerie s'ébranle, l'armée de pied décharge sur les ennemis, des hauteurs, l'artillerie soutient les colonnes, des deux côtés le sang coule, les blessés tombent et font entendre des cris douloureux.

Pauvres mères, pleurez vos fils, mais modérez votre douleur, car ils sont tombés pour la patrie, et ceux-là sont heureux qui ont donné leur vie pour le triomphe de la liberté !

A la vue du sang des héros, les deux armées s'animent et combattent avec un nouvel acharnement. Électrisées par la voix des chefs qui parcourent les rangs, elles se précipitent l'une contre l'autre, comme des vagues courroucées qu'excite la tempête. Elles se heurtent, se choquent et s'entrechoquent, elles se confondent, forment une mêlée épouvantable. Ce sont des lions en furie qui se disputent la victoire, qui s'égorgent et se déchirent sans pitié. Le sang coule par torrents et leur fureur ne s'apaise point.

Enfin, il est un moment où la victoire est indécise. Sur qui s'exercera la rigueur du destin ? de quel côté sera le triomphe ?... Instant suprême, heure des grandes émotions !... Qui resterait maître de ses sens à la vue d'une scène si émouvante ?...

Mais voilà le drapeau de la victoire qui s'agite ! Entendez les clameurs joyeuses... Quels transports, quel moment d'ivresse pour le vainqueur !...

Quelle mortelle douleur pour les vaincus ! Quel morne et lugubre silence dans leurs rangs qui se replient !...

J'avoue, que je n'ai rien trouvé sur la terre de si émouvant, que cette lutte entre deux peuples, et ce moment solennel où les destinées du vaincu sont entre les mains du vainqueur.

Le Marin. — Si c'est un spectacle terrible de voir des hommes combattre contre des hommes, s'entretuer pour une cause qui intéresse leur nation et que souvent, on pourrait soutenir, sans répandre une goutte de sang, combien est-il plus émouvant de considérer de pauvres et faibles matelots inutilement armés contre les fureurs de l'Océan, au moment d'une affreuse tempête, que rien ne peut conjurer! Est-il au monde une scène comparable?

On s'est couché, le soir, sous un ciel étoilé et sur une mer tranquille; le mouvement régulier des flots a balancé le navire, comme pour endormir l'équipage.

Mais, pendant le sommeil, un point noir s'est montré à l'horizon, a grossi rapidement et bientôt des nuages menaçants ont envahi le ciel tout entier. Un vent terrible soulève les flots, les vagues écumantes et furieuses battent violemment le navire et le lancent dans tous les sens.

Au premier cri d'alarme de la vigie, les matelots se sont levés en toute hâte. Ce n'est point un rêve qui a troublé notre repos, mais bien la tempête qui mugit et menace notre frêle navire. Vite au poste! et les pauvres marins troublés, à moitié nus, montent sur le pont pour aider à la manœuvre.

Le désespoir et bientôt la mort, voilà notre triste sort. Tout à coup, se fait entendre un choc violent suivi d'un craquement sinistre; c'est le signal de la mort. Le vaisseau s'est brisé contre un écueil et la vague envahit avec fureur l'intérieur du navire qui va sombrer. Au cri de : *Sauve qui peut!* les matelots se jettent à la mer. Les uns poussent des cris de désespoir et se précipitent dans les flots, les autres invoquent la Mère des matelots, Notre-Dame du Bon-Secours, et attendent la mort avec calme. Le plus grand nombre se précipite dans les chaloupes de sauvetage, pour essayer de lutter encore contre l'ouragan et de sauver leurs jours. Affolés par le danger, plusieurs d'entre eux tombent dans la mer et en entraînent d'autres à leur suite.

Est-il au monde une scène plus émouvante, que celle de ces infortunés matelots, luttant au milieu des ténèbres de la nuit, contre la puissance des flots soulevés par la tempête, mourant loin de leur patrie, loin de leurs mères, sans secours, sans aucune consolation, au milieu d'un océan sans rivages[1] !

Ce tableau est un drame lugubre, qui a toujours fait naître en moi une émotion si vive, et si profonde, qu'aucune autre cause ne saurait en produire de semblable.

Le Peintre. — Pour moi, j'admire avec un senti-

---

[1]. Et si, au lieu d'un vaisseau de guerre, qui essuie la tempête et fait naufrage au milieu de l'Océan, nous supposons que c'est un paquebot portant des passagers : des femmes, des enfants, des vieillards, des missionnaires, etc., l'intérêt grandirait encore au moment du danger, et cela à cause de la diversité des sentiments qui s'empareraient des passagers. Les mères affolées presseraient contre leur cœur leurs enfants chéris, les impies blasphémeraient contre le ciel, en regrettant la vie et leurs plaisirs ; les missionnaires et les chrétiens résignés attendraient la mort, en bénissant Dieu, d'autres boiraient des liqueurs enivrantes pour noyer leurs facultés et s'aveugler sur le danger avant que les flots les engloutissent, etc.

ment d'exaltation ou d'indéfinissable rêverie les tableaux des grands maîtres, dont le charme mystérieux me retient des heures et des heures, plongé dans une vague contemplation ; je me sens ému parfois à l'aspect de ce que la nature a de plus ordinaire ; tout en elle m'attire et me fait rêver : un ruisseau qui s'enfuit, à travers la prairie, sous quelques vieux saules, image d'une vie qui, hélas ! tend vers son déclin ; une vallée que traverse un torrent dévastateur grossi par l'orage dont les derniers restes se dissipent à l'horizon, et où se jouent les feux du couchant, comme un sourire plein d'harmonie entre la vie et la mort ; sur une grève déserte, une cabane au pied d'un rocher nu, la mer au delà, une mer agitée, et, dans le lointain, une voile qui s'incline entre deux vagues, sous l'effort du vent.

Tout cela me touche, me fait oublier la terre, me fait m'oublier moi-même et m'attire doucement vers les espaces infinis. Mais ce qui produit en moi une émotion plus grande que celle éveillée par l'art des hommes, c'est un phénomène de la nature, qui révèle la grandeur et la puissance du divin architecte, créateur de l'univers. C'est un lever de soleil aux premiers beaux jours du printemps. Ce n'est plus ici, le pinceau de l'artiste qui parle à mon âme, sur une toile aux dimensions limitées, c'est la puissance même de Dieu qui se manifeste à l'homme dans toute la splendeur de la nature.

Placé sur une hauteur, que j'aime à respirer la brise matinale embaumée des parfums de la nuit ! Elle est le souffle de la nature qui ravive mes sens, fortifie mon âme et la prépare aux émotions plus grandes et plus fortes qu'elle va éprouver.

Les premiers feux s'annoncent tout à coup, empourprant le ciel et bientôt les plus hauts sommets. Le soleil montre enfin son disque étincelant, et ses rayons envahissent la terre, jusqu'aux horizons les plus reculés.

Que ce spectacle est grand ! Il est l'image sublime de Dieu dont la lumière immense, infinie, nous éclaire et pénètre tout de ses rayons puissants.

Que l'homme est petit en face de ce spectacle, qu'aucun pinceau ne saurait exprimer ! Son imagination se perd dans la variété des sentiments que son cœur éprouve.

De l'effet qui m'enchante, je remonte à cette cause mystérieuse, qui est le Créateur, dont la main libérale a semé les astres dans les cieux et les fleurs sur la terre. Mon cœur, débordant de reconnaissance et d'amour envers un Dieu si puissant et si bon pour sa créature, n'a plus de voix pour exprimer ses sentiments de gratitude ; il reste muet d'émotion.

Voilà le spectacle que j'aime le plus, et qui a toujours produit sur moi la plus puissante des émotions.

Le Poète — Et moi, je suis poète. Ma muse s'inspire également du bruit des batailles et des fureurs de la tempête, du brillant soleil et des ombres de la nuit, du déchaînement de la tempête et du calme qui lui succède.

Toutes les couleurs de la nature s'étalent sur ma palette et conviennent à mon pinceau. J'admire l'aurore et le soleil couchant ; je souris aux fleurs et m'enivre de leurs parfums ; j'aime les arbres et le bruit du vent dans les feuilles, les ruisseaux et la verdure, la diligente abeille et l'industrieuse fourmi, l'inconstant papillon et la fidèle colombe.

Ma lyre chante avec les oiseaux et murmure une prière auprès d'un adorable berceau. Je célèbre le vainqueur et console le vaincu. Parfois, j'inspire l'éloquent tribun et j'apprends à prier, à l'âme innocente et pure. Pour moi, tous les spectacles sont beaux, souvent ils sont sublimes.

Mais, il n'est rien qui ravisse mon âme dans un aussi profond sentiment d'admiration et de respect, comme la vue d'un enfant qui prie.

Quel spectacle que cet ange à genoux, recueilli, les mains jointes, regardant le ciel avec des yeux où brille l'innocence ! On dirait, qu'il a surpris un sourire divin, ou qu'une voix céleste lui a parlé.

Cher enfant, prie pour nous, car ton intercession est puissante. Notre âme, chargée des misères de la vie, ne peut prendre son vol, vers le sommet de cette région, dont le sentier est inconnu aux cœurs souillés.

C'est un mystérieux échange entre la terre et le ciel, entre les misères d'ici-bas et la puissance de là-haut. Oui, car l'enfant qui prie change les décrets de la colère de Dieu contre nous, en de douces et abondantes bénédictions.

L'enfant, qui prie, offre à la terre le plus consolant spectacle qu'il soit donné à l'homme de contempler; c'est un acte sublime et tout intérieur dont la foi seule découvre la beauté et qui échappe aux âmes basses et vulgaires. C'est le spectacle, qui produit en moi, l'émotion la plus saisissante, que j'aie jamais éprouvée.

NAPOLÉON

ET

LE DOCTEUR ANGLAIS

Napoléon, malgré son ambition et ses égarements, était instinctivement religieux. Seul, avec son génie, sur le rocher de Sainte-Hélène, en face de l'immensité de l'Océan, il put sonder le grand problème de la destinée humaine. Ce fut alors, que les souvenirs religieux de son enfance lui apprirent enfin, que le bonheur n'est ni dans la puissance, ni dans l'enivrement de la fortune, mais dans l'accomplissement de la volonté de Dieu. Il aimait à converser, et même à controverser sur la religion, et se trouvait souvent en contradiction avec le docteur Antomarchi [1]. Les raisonnements, que nous lui prêtons dans le dialogue suivant, sont presque tous historiques, quoiqu'ils n'aient pas tous été dits à Sainte-Hélène.

Napoléon. — Docteur, j'ai rempli mes devoirs religieux et je me trouve mieux. Voyez-vous, j'en avais besoin. C'est un remède moral dont l'influence se fait sentir sur tout mon être.

---

[1]. Docteur préposé par le gouvernement anglais au service de Napoléon dans l'île Sainte-Hélène. Il succéda à O'Méra, qui fut rappelé par l'Angleterre, parce qu'il était devenu, en peu de temps, l'admirateur, l'ami et le confident de l'empereur. Antomarchi n'eut aucune des qualités d'O'Méra. Il se conduisit en sceptique, en homme de parti, et ne montra jamais de la sympathie pour l'illustre prisonnier.

Le Docteur. — Dites plutôt des préjugés d'enfance qui font aujourd'hui écho dans votre cœur, pur effet de l'imagination.

Napoléon. — Non, Docteur, ces idées de justice éternelle, je les ai toujours senties, en moi, même au milieu de mes égarements.

Le Docteur. — Pures chimères, vaines illusions!

Napoléon. — Mais ces illusions, ces chimères tous les peuples les ont eues. Et les grands génies les ont acceptées : Bossuet, Pascal, saint Augustin, Newton[1], etc. Et moi, je plains l'homme qui se soustrait à cette douce et salutaire influence.

Le Docteur. — Pour moi, j'ai parcouru le monde et le cercle des connaissances humaines, et nulle part, je n'ai trouvé le doigt de Dieu.

Napoléon. — A moi, il ne me faut, ni toutes les connaissances humaines, ni beaucoup de mathématiques pour prouver l'existence de Dieu, une seule proposition me suffit. Écoutez. L'homme est au-dessus de la machine, qu'il a construite, comme Dieu est au-dessus de l'univers qu'il a créé. Or, l'univers est infini!... Tirez vous-même la conclusion, docteur... Vous vous taisez... Vous avez pourtant fait le tour du monde!... Allons, cherchez dans vos connaissances, faites-vous aider par tous les impies d'Angleterre et d'ailleurs, et si vous détruisez la valeur de mon raisonnement, vous me ramènerez à vos idées.

---

1. C'est à dessein que l'ordre chronologique a été méconnu dans l'énumération de ces grands hommes.

Le Docteur. — Naturellement, il faut accepter un être souverain.

Napoléon. — Ah! Docteur, vous battez déjà en retraite!

Le Docteur. — Mais, il y a loin de l'existence de Dieu à l'accomplissement de vos devoirs religieux!

Napoléon. — Comment raisonnez-vous, Docteur? c'est une conséquence si rigoureuse et si naturelle, qu'un écolier ne s'y tromperait point. Vous admettez un constructeur et sa machine, un souverain et des sujets, et vous supprimez tout rapport entre eux!

Le Docteur. — Oui, mais ces rapports, qui nous dira ce qu'ils doivent être?

Napoléon. — La religion établie sur des preuves certaines, est bien le culte le plus en harmonie, le plus en conformité avec la raison humaine ; et celui qui nous apporte le plus de bonheur.

Le Docteur. — Sire, c'est une tyrannie que d'imposer aux hommes des devoirs religieux.

Napoléon. — Docteur, un homme quel qu'il soit, fût-il même Luther, ne peut jamais imposer des devoirs religieux à un autre homme, et c'est ce qui condamne votre religion.

Le Docteur. — Mais toutes les religions ne se sont-elles pas ainsi établies?

Napoléon. — La religion catholique, Docteur, a sa source dans la divinité. Et je ne veux, moi, d'autre preuve de son efficacité, que la consolation qu'elle nous apporte, lorsque tout nous abandonne.

Le Docteur. — Alors, Sire, elle n'est bonne que pour les gens malheureux.

Napoléon. — Et qui peut se dire heureux sur cette terre, si ce n'est celui qui remplit tous ses devoirs religieux ?

Le Docteur. — Eh, Sire, les avez-vous toujours accomplis, et n'avez-vous pas, dès lors, accrédité ma doctrine ?

Napoléon. — Si je ne les ai pas toujours pratiqués, quand j'étais sur le trône, c'est que la puissance étourdit les hommes ; mais, j'ai toujours eu la foi.

Le Docteur. — Vous étiez brouillé avec les ministres de votre religion, et il faut avouer, Sire, qu'ils vous ont causé de nombreux embarras.

Napoléon. — Les ministres de la religion catholique, m'ont mieux servi que vous ne pensez, et malgré mes démêlés avec le Pape, le clergé de France me resta soumis, tout en conservant son indépendance, envers le pouvoir civil et son inviolable fidélité au Saint-Siège.

Le Docteur. — C'est qu'il vous craignait.

Napoléon. — Non, Docteur ; dans le clergé, j'ai trouvé peu de courtisans, mais des hommes aimant le peuple et se dévouant pour la grandeur de la France.

L'évêque de Nantes aurait fait de moi tout ce qu'il aurait voulu. Ah ! si les Anglais ne l'avaient empêché de s'attacher à ma personne, comme il aurait embelli ma solitude de Sainte-Hélène !

Le Docteur. — Le peuple français est foncièrement catholique, et c'était, par politique, que vous protégiez la religion.

Napoléon. — Non, Docteur, c'était par conviction : le son des cloches me faisait plaisir, la vue d'un prêtre m'a toujours ému, mes nerfs sont en sympathie, avec ce sentiment, et je suis mille fois heureux de vous avouer, que le plus beau jour de ma vie a été celui de ma première communion[1].

Le Docteur. — Mais il n'en est pas ainsi de tout le monde.

Napoléon. — Vous, Docteur, vous êtes habitué à étudier la matière et vous ne voyez rien au-delà. Mais sachez bien, que celui, qui n'a pas de principes religieux, doit être un Dieu ou une brute. Moi, je veux toujours garder un juste milieu.

Au général Montholon : « Général, je sens que mes forces faiblissent, je n'ai que peu de temps à vivre, et je veux l'employer à rendre gloire à Dieu, qui, dans sa miséricorde, m'a conduit ici pour me ramener à lui. Général, donnez des ordres, pour qu'on dresse un autel dans la chambre voisine, on y exposera le Saint-Sacrement. Vous ferez dire les prières des quarante heures... Non, général, pourquoi vous charger de cette responsabilité ! On dirait que c'est vous, noble gentilhomme, qui avez tout commandé de votre chef. Je veux donner les ordres

---

1. Il dit lui-même : « Quand, à la Malmaison, nous discutions, le soir, dans l'allée des tilleuls, des plans de campagne avec mes intimes, je m'arrêtais parfois subitement et je restais pensif. Mes amis croyaient, que j'avais découvert quelque nouvelle combinaison, et j'écoutais le son des cloches.

moi-même. Faites venir toutes les personnes qui composent ma maison. »

Les sept Français, qui composaient la maison de l'empereur à Sainte-Hélène, accoururent à ses ordres. Chacun reçut son emploi pour l'office des quarante heures. La prière et le recueillement ne furent interrompus que par les soins, que l'on donnait au malade.

Napoléon avait voulu ordonner lui-même cette cérémonie religieuse, si touchante, afin de ne pas laisser supposer qu'à cette heure suprême, il s'était laissé endormir dans les bras de la religion par son entourage, mais que sa foi et sa piété étaient restées étrangères à cet acte de religion.

Le général Montholon était d'ailleurs le seul catholique pratiquant, dans l'entourage de Napoléon Ier, à Sainte-Hélène.

JEANNE D'ARC

ET LES

BERGÈRES DE VAUCOULEURS

Jeanne d'Arc est la plus belle figure de notre histoire. C'est un idéal d'une pureté parfaite d'une lumière sans nuage, d'une douceur sans amertume. C'est la vierge de Domrémy, c'est la guerrière d'Orléans, c'est la martyre de Rouen, c'est tout ce que nos cœurs et nos imaginations rencontrent de plus beau et de plus glorieusement sympathique dans les annales de la France.

Il a fallu l'ignoble plume de Voltaire pour essayer de salir la noble et pieuse Jeanne, la personnification du dévouement et du patriotisme. — Pauvre Voltaire! Le doux rayonnement de sainteté, qui se dégageait de cette aimable figure, te gênait, blâmait ta morale libre; tu as dirigé contre elle tes basses et noires calomnies; mais, tu n'as point atteint cette image vénérée, dans laquelle s'incarne l'idée de la Patrie. Tes productions immondes, sur

Jeanne d'Arc, sont retombées sur toi, et t'ont rendu plus méprisable encore. La vierge de Domrémy est restée glorieuse, elle est demeurée pure, comme le rayon de soleil, son culte grandit tous les jours dans le cœur des Français, tandis qu'augmente, pour toi, le mépris dans toutes les âmes nobles et généreuses.

La France désire avec ardeur voir briller le jour, qui n'est peut-être pas éloigné, où les reliques de la vierge de Domrémy, de la bergère de Vaucouleurs, seront placées sur les autels et exposées à la vénération de tous. Ce jour sera beau pour la France ; ce sera la véritable fête nationale qui unira tous les cœurs, dans un même élan de foi et de patriotisme.

Jeunes lecteurs, si Jeanne d'Arc a fait des choses grandes, et étonnantes ; si elle a remué le ciel et la terre, si elle a sauvé la patrie, c'est parce qu'elle était pieuse. Dieu ne peut résister à la prière. A la voix de l'innocence ou du repentir, il se laisse toucher, fléchir et révoque ses arrêts divins. Jeanne ne possédait ni instruction, ni puissance humaine. Elle n'avait que sa simplicité, son innocence et sa piété, et avec cet unique trésor, elle a sauvé la France. Comme elle, soyez simples et pieux, et vous ferez de grandes choses.

L'histoire de Jeanne d'Arc étant si connue, si populaire, nous croyons inutile de donner ici une notice historique, en exposant des faits que tout le monde connaît.

Dans le dialogue ci-après, Jeanne apprend son

départ aux bergères de Vaucouleurs et leur fait ses derniers adieux.

Une bergère. — Voici venir l'aimable et douce Jeanne.

Une seconde. — Sa gaieté ordinaire semble s'être évanouie ce matin.

Une troisième. — Eh bien ! Jeanne, viens-tu partager notre joie fort bruyante aujourd'hui ? Déjà nous étions inquiètes d'une si tardive arrivée.

Jeanne. — Je suis heureuse de lire sur vos visages épanouis cette innocente gaieté, qui faisait le bonheur de notre existence champêtre.

La première. — Où donc est ton troupeau ? Pourquoi ne viens-tu pas le joindre aux nôtres ?

Jeanne. — Hélas ! mes amies, je l'ai quitté pour suivre désormais une autre destinée !

La seconde. — Que dis-tu, Jeanne ?

La troisième. — Explique-nous ce mystère.

Jeanne. — Mon cœur est saisi d'une émotion qui l'oppresse.

La première. — Depuis longtemps, tes compagnes avaient remarqué, qu'à des heures choisies, tu cherchais la solitude, et que là, tombant à genoux, tu faisais des prières auxquelles, pas une de nous ne participait. Comme en extase, devant un objet divin, tu élevais, vers le ciel, tes mains tremblantes. Nous disions souvent : « Jeanne est une sainte, elle a des visions ; elle se cache de nous pour confier à Dieu les secrets intimes de son âme ingénue, mais, jamais nous n'osions venir te distraire de cet entretien céleste, ni te dire le sujet de nos conversations.

Jeanne. — Oh ! oui, mes amies, j'ai souvent eu avec le ciel des entretiens qui m'ont d'abord effrayée. Saint Michel, tenant une épée à la main, me disait d'aller combattre l'Anglais, qui, depuis longtemps, désole nos provinces. Sainte Catherine, sainte Marguerite m'apparaissant aussi, m'ont souvent répété les mêmes ordres.

Une bergère. — Jeanne, ne te fais-tu pas illusion ? Ta foi naïve ne serait-elle pas victime des rêves d'une pieuse imagination ?

Jeanne. — J'ai toujours résisté, à ces voix, qui plaidaient pour la France. A leurs pressantes invitations, j'opposais ma faiblesse, la timidité de mon âge, de mon sexe et mon ignorance. Souvent, je pleurais dans la solitude du vallon. Je tournais mes regards vers la chapelle rustique, et j'allais y implorer la vierge. En lui offrant des fleurs, je la priais d'avoir pitié d'une humble et pauvre fille des champs. Je pensais conjurer les volontés d'en haut. Mais, elles se sont montrées d'une sévérité croissante, et elles veulent que j'aille, dans les rangs de nos armées, soutenir la cause de notre roi fugitif.

Une seconde. — Dis à ces voix qui désirent t'arracher à la tendresse de ta mère et de tes compagnes, que ce n'est point à une jeune fille d'aller parmi des guerriers farouches.

Jeanne. — J'ai épuisé auprès d'elles toutes les ressources que mon trouble, ou ma raison ont pu me dicter. Mais, je n'ai pu les convaincre. A la fin, j'ai craint d'irriter le ciel par une plus longue résistance. Et quand l'orage gronde et menace nos vallons, je me dis : « Jeanne, le ciel en courroux punit ta désobéissance ; tremble d'être infidèle, à la voix de Celui qui t'appelle aux combats ; crains d'attirer sur Domrémy, Vaucouleurs et toutes nos campagnes des châtiments funestes. »

Une troisième. — Tu es donc déterminée à faire ce que ces voix te commandent?

La première. — Pauvre Jeanne ! je te plains. Que vas-tu devenir au milieu d'un champ de carnage ? Les Anglais sont cruels et les Français riront de ta naïveté rustique.

Jeanne. — Nous garantissons nos timides agneaux de la dent meurtrière du loup. Chaque soir, nous les ramenons joyeux et bondissants à la bergerie. Eh bien ! Celui qui dirige nos combats, ne saura-t-il pas me soutenir et me donner le courage qui manque à ma faiblesse? Mes voix me disent : « Ne sais-tu pas, Jeanne, que Dieu garde le faible contre le fort, le misérable contre le puissant ? »

Rappelle-toi la victoire de David contre Goliath, de Judith contre Holopherne, d'Esther contre Aman. Dans nos causeries champêtres, n'avons-nous pas souvent répété ces récits encourageants. J'ai pris confiance, et je me sens animée d'une sainte ardeur. Rien ne m'effrayera désormais ; une puissance inconnue me transporte, j'ai hâte, de me rendre où Dieu m'appelle.

Une bergère. — Reste ici, douce Jeanne. Par nos

prières, nous ferons violence au ciel et il chassera
l'Anglais hors du royaume, sans qu'il soit nécessaire du secours de ton bras, car le bon Dieu n'a
besoin de personne. — Laisse-toi fléchir, Jeanne ;
tous les jours, et toutes ensemble, nous porterons
une plus grande quantité de guirlandes et de fleurs
à la vierge des champs. Nos voix s'uniront, avec
plus de ferveur, pour chanter ses louanges, et
bientôt peut-être, elle rétablira sur son trône notre
gentil dauphin si malheureux.

Jeanne. — Non, mes amies, mes voix ne me dic-
tent pas ainsi les volontés d'en haut.

La première. — Et quitteras-tu sans douleur tes
vieux parents, ton village, ton troupeau, ces belles
campagnes, où nous étions si heureuses ? Nos causeries n'auront désormais plus de charme, si Jeanne
nous manque. Nos voix seront silencieuses et muet-
tes et nos larmes diront assez, qu'elle est absente.

Jeanne. — Ah ! mes sœurs, ne cherchez pas à
amollir mon cœur, qui saigne à la pensée de quitter
ces lieux si aimés, et tout ce qui faisait ma vie
et mon bonheur : mes parents chéris dont j'étais
le seul soutien, mes agneaux si tendres et si dociles
à ma voix, mon chien si fidèle et si caressant, ces
montagnes, ces vallons, ces fleurs, ces bois, ces
prairies, qui semblent maintenant participer à ma
peine. Oh ! l'écho de la vallée ne redira plus mes
accents. Ces arbres, au vert feuillage, où je venais
me reposer, pour entendre le chant si aimable de la
fauvette et des autres oiseaux, qui égayaient notre
solitude, ne me prêteront plus leur frais ombrage.

Oh! mes sœurs, je vous confie mon troupeau ; quand Jeanne ne sera plus là, vous cueillerez des fleurs pour elle, et les déposerez à l'autel de la vierge, en disant : « Priez pour Jeanne ! » pour elle aussi, vous émietterez du pain aux petits oiseaux et vous essuierez les larmes de mon vieux père.

Adieu ! mes tendres sœurs, douces compagnes qui m'avez prodigué tant d'affection. Adieu ! priez pour Jeanne, afin que Dieu la rende victorieuse.

Ne pleurez pas en me quittant, mais offrons au ciel, le sacrifice de notre séparation, pour le salut de notre belle et chère France. Adieu ! mes sœurs... Adieu !

LA FRANC-MAÇONNERIE

ou

ERNEST ET LUCIEN

Lucien. — Bonjour, Ernest, te voilà, comme saint Louis, assis à l'ombre du chêne de Vincennes. Est-ce que, comme lui, tu rends aussi la justice?... Je suis heureux de te rencontrer à la campagne, car, à la ville, il est rare d'avoir ce plaisir. On te voit aux cours, puis tu t'échappes comme une ombre. Dis-moi donc, pourquoi ce dégoût de toute société?

Ernest. — J'aime la solitude et le silence, et me trouve fort bien de suivre cette ligne de conduite qui m'assure le calme et la tranquillité du cœur. Pourquoi t'en plaindrais-tu toi-même?

Lucien. — Pourquoi, mon cher Ernest, résister au courant qui nous entraîne ? Pourquoi ne pas fréquenter nos sociétés, ne pas assister à nos réunions si intéressantes, à nos soirées où règnent le laisser-aller le plus aimable et la gaieté la plus vive? Ne serais-tu pas plus heureux, de t'accommoder d'une philosophie moins sévère? A te voir agir, on te prendrait bientôt pour un moine austère, ennemi de toute jouissance.

Ernest. — Comme tout le monde, je suis ami des plaisirs, mais je n'aime que ceux qui s'accordent avec ma conscience et mon devoir. J'ai les autres en horreur, et je les évite, ainsi que les sociétés, qui pourraient exercer sur moi une influence dangereuse.

Lucien. — Viens dans celle dont je fais partie depuis quelque temps, et tu y goûteras bien des consolations.

Ernest. — Quel est donc le nom de cette société, et que faites-vous dans vos réunions?

Lucien. — Dans nos assemblées, nous avons des insignes particuliers, nous portons un tablier, un triangle et une truelle. Ce sont là nos principaux emblèmes.

Ernest. — Ah! je m'en doutais. Mais c'est la franc-maçonnerie que tu fréquentes!

Lucien. — Est-ce que, toi aussi, tu serais affilié à quelqu'une des loges si nombreuses à Paris et même en province? Voyons, dis-moi le mot de *passe*[1].

Ernest. — Le bon Dieu me garde de faire partie de la franc-maçonnerie! Mais, j'en ai souvent entendu parler et non point avec avantage.

---

1. Les francs-maçons ont certains signes particuliers de convention et un mot de passe auxquels ils se reconnaissent entre eux.

Lucien. — Il y a pourtant un grand nombre d'individus qui la composent, et une foule d'étudiants se font initier.

Ernest. — Cela ne prouve pas, que son but soit bon, ni que ses règlements conduisent à la vertu et au bonheur.

Lucien. — Depuis que je me suis fait recevoir, je m'en trouve bien et beaucoup parlent comme moi.

Ernest. — Je vous laisse dire tous, mais, je crains bien, que vous ne parliez ainsi, que pour faire de nouvelles dupes, et augmenter le nombre des malheureux qui ont donné dans le piège. Je vous demande, si un étudiant qui s'engage par les serments les plus terribles, à faire la volonté de chefs qu'il ne connaît pas, qui foule aux pieds l'image du Christ, le consolateur des affligés et de tous ceux qui souffrent, je vous le demande, peut-il être heureux, peut-il dire, qu'il a trouvé le bonheur?

Lucien. — Jamais, mon cher Ernest, jamais, nous n'aliénons notre liberté.

Ernest. — Si tu as franchi les premiers grades, mieux que moi, tu sais que ta liberté est rivée à la chaîne d'un honteux esclavage, que tu t'es engagé à exécuter les ordres que te donnera la loge dont tu fais partie. Et quand il faudrait poignarder ton père, ta mère ou tes meilleurs amis, tu ne dois pas reculer si l'intérêt ou le caprice de la secte le demande.

Lucien. — La société dont je fais partie n'assassine point les gens; au contraire, elle protège les malheureux, le faible, la veuve et l'orphelin. Elle accorde secours et protection à tous ceux qui en ont besoin.

Ernest. — Et tu le crois, pauvre naïf!... La franc-maçonnerie est essentiellement hypocrite, c'est son caractère. Toutes ses enseignes sont trompeuses. Elle affiche un semblant de vertu, mais, au fond elle pratique tous les vices.

Lucien. — Tu es bien sévère envers elle. Je crois, au contraire, qu'elle est une société de bienfaisance, qui protège tout le monde.

Ernest. — Ah! dis-moi, elle protège tout le monde! Même ceux qui trahissent ses secrets, comme William Morgan, assassiné aux États-Unis en 1826, après avoir souffert les plus affreux tourments[1]. Et ces deux ouvriers italiens, Remiliani et Lazzoneschi, assassinés à Rodez en 1834, après avoir envoyé leur démission à une loge de Marseille, *la Parfaite-Union*[2]. Ces deux faits n'ont jamais été niés par les journaux maçonniques. Et le comte Rossi, ministre du Pape Pie IX, qui essayait à Rome, en 1848, de s'opposer à leurs menées séditieuses contre la Papauté, ne fut-il pas frappé par les ordres de la secte homicide[3]? Garcia Moreno, ce héros chrétien, président de la République de l'Équateur, ne périt-il pas également de la main des sectaires, près de la cathédrale de Quito, au moment, où cet illustre président se rendait au palais du gouvernement[4]? Et de nos jours, n'a-t-on pas prouvé, que Gambetta lui-même avait été assassiné par une femme toute

---

1, 2, 3, 4. Voir les détails de ces assassinats à la fin du Dialogue.

dévouée à la secte, parce que le tribun n'était pas assez soumis à la direction des loges auxquelles il s'était affilié dans des vues d'ambition? Et s'il n'y a pas eu d'enquête à ce sujet, si cette femme n'a pas été poursuivie par les tribunaux, si elle n'a pas même été inquiétée, c'est que les grands dignitaires de la franc-maçonnerie ont étouffé l'affaire, afin de protéger celle qui s'était dévouée pour la cause de la secte. Tout cela, c'est de l'histoire, et de l'histoire authentique. Qu'en dis-tu, Lucien?

Lucien. — Dans toute société, il faut parfois des exemples de sévérité pour maintenir les autres membres dans le devoir. Mais aussi ne protège-t-elle pas les ouvriers? ne les réunit-elle pas en famille, et par ses associations, ne prévient-elle pas un grand nombre de misères?

Ernest. — Pour qu'une association procure le bonheur à chacun de ses membres, il faut, monsieur, qu'en tête de ses règlements et de ses statuts, elle mette la loi de Dieu, la pratique de la vertu, la prière et l'amour du prochain. Et c'est là un minimum de conditions essentielles.

Lucien. — Les francs-maçons s'aiment entre eux, puisqu'ils travaillent pour le bien de l'humanité.

Ernest. — Comme tous les maçons, tu te sers d'expressions sonores et retentissantes, mais examine et pèse le vide de ces grands mots. Et puis, crois-tu à l'amitié des maçons?... Ce sont des perfides et des scélérats, qui se traitent de frères, mais qui se méfient les uns des autres, parce qu'il n'y a pas entre eux d'estime réciproque. L'amour du bien, voilà le premier lien de l'amitié, tandis que l'amour du mal unit les francs-maçons ; amitié de fripons, amitié d'enfer dont je ne veux point et que j'ai en horreur. L'amour chrétien est le principe de la famille, et vous, francs-maçons, vous avez pour principes les doctrines les plus subversives, qui sont la ruine de la famille, d'où sont sortis le mariage purement civil et le divorce avec ses tristes conséquences. Comme preuve, que les doctrines maçonniques tendent à détruire le sentiment même le plus intime de la famille, lisez l'histoire du duc d'Orléans, Philippe-Égalité, et vous verrez, que dans une épreuve, que lui fit subir la loge, le jour de sa réception au trentième degré, on le conduisit dans un souterrain les yeux bandés, un poignard à la main. Lorsqu'il fut au fond de la caverne, on lui ôta le bandeau, et il se trouva en présence d'un roi couronné. A la lueur d'un flambeau, il reconnut son cousin, le bon roi Louis XVI, et, sans hésiter, il le frappa au cœur. Au sang qui rejaillit sur sa figure, il s'évanouit. Revenu à lui-même, on lui montre qu'il n'a frappé qu'un mannequin. Mais, pour prouver qu'il était un frère, digne de la secte abominable, il dit : « Si je m'étais trouvé en présence du roi véritable, je l'eusse frappé avec la même vigueur. » Tous les assistants, présents à cette scène épouvantable applaudirent vivement et donnèrent force félicitations à Philippe-Égalité. Tu sais, Lucien, que dans la suite, il fut fidèle aux leçons qu'il avait reçues, à la loge, en votant la mort de Louis XVI.

Lucien. — Il est vrai que le duc d'Orléans était un exalté, mais, tu reconnaîtras bien, que la franc-maçonnerie fait marcher les peuples vers le progrès, qu'elle dissipe les préjugés de l'erreur, et qu'elle dirige les nations vers un avenir meilleur.

Ernest. — Mais, ce sont encore de grands mots, éblouissant les sots, qui se contentent d'idées superficielles. Et moi, je soutiens, au contraire, que la franc-maçonnerie mène les peuples droit à la démoralisation, à la ruine et à l'esclavage. Laisse-moi te citer quelques faits historiques dans lesquels la franc-maçonnerie a joué le principal rôle, et tu verras, si elle a apporté aux peuples autant de bonheur que tu veux bien le dire. En 1786, il se tint à Leipzig une grande réunion de francs-maçons. Mirabeau, perdu de dettes et livré à la débauche, y représenta la France. On y décida la mort de Louis XVI. Aux États-Généraux de 1789, tu sais, comment Mirabeau accomplit la mission, qui lui avait été confiée. Et sur son lit de mort, entends-le s'écrier : « J'emporte avec moi le dernier lambeau de la royauté. *Ils*[1] feront de la France un immense champ de carnage. » En effet, la Révolution de 1793 fut-elle autre chose qu'un immense assassinat, dans tous les rangs de la société? assassinat que dirigeait la franc-maçonnerie.

Lucien. — La franc-maçonnerie ne peut pas être responsable de tous les excès qui se sont commis pendant ces années malheureuses.

---

1. *Ils*, les francs-maçons.

Ernest. — Quel est le plus coupable de la main qui accomplit le crime, ou de la tête qui le commande? La franc-maçonnerie a commandé jusqu'à ce qu'elle ait été débordée par les événements. Elle est habile à détruire, mais incapable d'édifier. Mais, arrivons à des faits plus récents et dans lesquels l'influence de votre secte se fait toujours voir d'une manière sensible. En 1848, la journée du 22 février venait de s'écouler plus calme, que ne l'auraient voulu les chefs de la franc-maçonnerie. Au boulevard des Capucines un coup de feu part dirigé par une main inconnue. Un soldat tombe. La troupe riposte, et cinquante-deux personnes sont renversées. On profite de ce tumulte pour raviver le feu de la révolte. Les vingt-trois cadavres de ceux qui ont expiré sont placés sur des charrettes, et ceux qui les conduisent crient, en montrant les plaies béantes des morts : « Nous sommes trahis, on assassine nos frères. Vengeance! vengeance! » Et tous étaient au service de la franc-maçonnerie. L'ordre part de la loge centrale. Le tocsin sonne et de toutes parts s'élèvent des barricades. Quand les troupes voulurent agir, Bugeaud s'aperçut, mais trop tard, que tous les francs-maçons, au pouvoir, paralysaient son commandement. Et pour la première fois, il fut vaincu. Le trône de Louis-Philippe s'effondra.

Voilà l'œuvre de la secte.

Aux journées de mai et à celles de juin, on sait les ruines, qui s'accumulèrent dans Paris. Mgr Affre, de sainte mémoire, fut tué sur les barricades, le **général Bréa** et son aide-de-camp, le capitaine

Mongin furent assassinés, comme de vils scélérats, et tous ces crimes furent commandés par la franc-maçonnerie.

Lucien. — Tu me surprends. Assurément, je n'avais jamais étudié l'histoire à ce point de vue, et j'ignorais le dessous de ces tragiques événements.

Ernest. — Et je n'ai pas encore parlé des atrocités commises à Rome, à cette même époque. Vous savez que Mazzini et Gioberti, chefs de la franc-maçonnerie italienne, ensanglantaient les rues de cette ville, par les crimes les plus atroces. Le désordre était à son comble. On pillait, comme on l'entendait ; rien n'était respecté, et il fallut l'armée française pour mettre un peu d'ordre.

Rapprochons-nous encore. En 1871, quand nous avions tant de plaies à cicatriser, tant de ruines à réparer, n'est-ce pas encore la franc-maçonnerie qui a fait éclater la Commune ? Les quarante chefs, qu'elle mit à la tête de son gouvernement, étaient tous francs-maçons éprouvés.

Les loges de la province applaudirent toutes aux actes de vandalisme et de sauvagerie, qu'on n'aurait jamais commis dans une nation civilisée, si on n'y avait vu des francs-maçons. La liberté, était violée, les domiciles étaient forcés. Les monuments qui faisaient l'honneur et la gloire de la France furent détruits ou livrés aux flammes. Les otages furent fusillés, et si on eût laissé, à ces misérables, le temps d'agir, tout Paris eût été détruit. La franc-maçonnerie a accumulé plus de ruines et dépassé, en férocité, les monstres de Rome, les Néron et les Caligula.

Voilà, Lucien, quelques-unes des œuvres de la secte dont tu voudrais me vanter la prétendue bienfaisance. Une triste bienfaisance, n'est-ce pas ?

Lucien. — Tu m'as donné, cher ami, une excellente leçon d'histoire, à laquelle j'étais loin de m'attendre. J'apprécierai mieux certains faits que jusqu'ici, je n'avais étudiés, que superficiellement. Je reviendrai, avec beaucoup de soin, sur cette question, et quand je serai édifié, adieu la loge et les insignes, que notre entretien vient de me rendre suspects ; le doute ébranle déjà ma confiance et le remords commence à naître dans mon âme.

Merci, mon cher Ernest ; je comprends maintenant, pourquoi, tu trouves le bonheur dans la solitude. Que n'ai-je fait comme toi ! Désormais, je rechercherai ta compagnie.

Ernest. — Je le vois, mon cher Lucien, tu n'as été jusqu'ici qu'une dupe de la secte infâme. Crois-moi, la franc-maçonnerie est une société méprisable et diabolique. Pour ma part, je préférerais tomber entre les mains d'une bande de brigands sauvages et inhumains, que de me voir livré à ces coquins. Des brigands, des cannibales même, auraient peut-être pitié d'un malheureux, tandis que la secte n'aura jamais ni égard, ni pitié pour quelqu'un des siens qui sera accusé d'infidélité ou se montrera rebelle à ses exigences tyranniques.

N'oublie pas, cher ami, que le but réel de la franc-maçonnerie, c'est de détruire toute autorité dans la famille et dans la société, de renverser l'Eglise et les trônes, et de chasser, de tous les cœurs, le règne de Jésus-Christ.

A la place de tout ce qui nous rend heureux, elle veut établir le règne de Satan. Voilà son but, voilà sa fin.

Mais, comme la puissance de l'enfer est limitée, la secte n'arrivera jamais complètement à ses fins sacrilèges.

NOTES DE DÉTAIL

OU RÉCITS DES ASSASSINATS MENTIONNÉS DANS LE DIALOGUE

Le lecteur nous saura gré de donner ici les détails pleins d'intérêt des assassinats dont il a été incidemment question dans le corps du dialogue.

Assassinat de William Morgan (1826).

« William Morgan était un journaliste de New-York. Il faisait partie de la loge La Branche d'Olivier[1], établie à Batavia. Un jour, Morgan, se retirant de la Société, publia à New-York même, un livre dans lequel il révélait les secrets de la mystérieuse institution. La secte qui, comme un oiseau de mauvais augure, cache dans l'ombre et son existence et ses manœuvres, en fut vexée et décréta la mort de William Morgan. Seulement, on avait à faire à un homme qui se tenait constamment sur ses gardes, parce qu'il connaissait la perfidie de ses anciens col-

---

[1]. La franc-maçonnerie s'efforce de donner à ses loges les dénominations les plus flatteuses.

lègues. Il s'agissait de s'emparer de lui adroitement et de le faire disparaître sans esclandre.

« Sous prétexte de vol, on fit arrêter Morgan une première fois ; mais l'accusation était si mal ourdie, si absurde, que pas une preuve ne put être fournie : on fut donc obligé de le relâcher.

« Cependant, le livre de l'ex franc-maçon causait grand tapage aux États-Unis. De nombreuses personnes vinrent féliciter Morgan de sa courageuse conduite. Il eut des admirateurs enthousiastes. Ainsi, il se créa plusieurs relations, notamment avec un certain Loton Lawson, qui devint son ami : c'était un homme de bonnes manières, qui paraissait jouir de quelque fortune et se montrait, dans ses discours, très opposé à la franc-maçonnerie. Morgan, néanmoins, se tenait réservé envers ses nouvelles connaissances, attendant que l'occasion lui permît d'éprouver ses vrais amis.

« Un beau jour, un individu présente aux magistrats du comté de Genesée divers titres de créance, faux sans doute, ou achetés, si par hasard, ils étaient vrais, et requit l'incarcération de Morgan, comme son débiteur. A cette époque, la prison pour dettes existait encore.

« Morgan fut donc de nouveau emprisonné. — Allons ! disait-il, à ceux de ses amis, qui obtenaient la permission de le visiter, décidément, c'est en prison, que les loges « me feront mon affaire » !

« Comme il n'était pas riche, le pauvre garçon se désespérait. Il se défiait de tout aliment, qu'on lui présentait, craignant d'être empoisonné. — Il était convaincu, qu'il lui fallait sortir de là au plus tôt, sauf à discuter, une fois libre, la validité de la mesure prise contre lui. Mais, qui serait assez dévoué pour lui servir de caution ?

« Lothon Lawson lui offrit ses bons offices. Morgan accepta, on comprend avec quelle joie. Lawson était pour lui un sauveur, hélas !... Le lendemain de son offre généreuse, Lothon Lawson revenait à la maison d'arrêt avec une voiture et quelques camarades inconnus de Morgan, payait la somme pour laquelle le prisonnier était retenu, et Morgan, se jetant au cou de l'excellent homme, consentait à ce que Lawson l'emmenât dans une de ses campagnes pour être désormais à l'abri de ses persécuteurs. — La voiture partit dans la direction des Lacs, et depuis, on ne revit jamais plus ni William Morgan, ni Loton Lawson[1].

« Cet enlèvement produisit une profonde sensation dans toute l'étendue des États-Unis. L'opinion publique s'occupa de cette affaire et trouva que la franc-maçonnerie le prenait par trop à son aise.

« Une ligue antimaçonnique se constitua pour aider les magistrats dans leurs recherches. Cette ligue avait des raisons sérieuses de se mêler de l'enquête, car il fut démontré plus tard que Clinton,

---

1. On se demande naturellement qu'était ce Loton Lawson et quel rôle il jouait dans cette affaire ? Les relations ne le disent pas, mais son jeu se dégage des événements mêmes. C'était, sans doute, un franc-maçon délégué par la secte, avec un nom emprunté, qui cherchait par toutes espèces de moyens à s'insinuer auprès de Morgan, afin de gagner sa confiance, pour pouvoir le trahir et le perdre plus aisément.

gouverneur de l'Etat de New-York, et tous les magistrats du comté de Genesée étaient francs-maçons. Ils avaient donc tout intérêt à étouffer l'affaire jusque dans ses moindres traces. — Poussés, par l'indignation publique, les magistrats déclarèrent enfin qu'une enquête devait être ouverte.

« Un témoin se présenta, Édouard Giddins, garde-magasin du Fort-Niagara. Ce témoin avait vu, dans la nuit du 13 septembre 1826, une troupe d'individus, conduisant un homme étroitement lié avec des cordes, et dont la bouche était couverte d'un mouchoir fortement serré. Le signalement de cet homme se rapportait exactement à celui de Morgan; les gens qui conduisaient le malheureux l'accusaient de trahison, l'insultaient et le maltraitaient. Giddins les entendit parler d'un jugement, qui devait être exécuté, dans des formes solennelles. Finalement, les inconnus enfermèrent leur prisonnier dans une maison isolée, située près du lac Ontario, à peu de distance du Fort-Niagara.

« Le témoignage de Giddins fut corroboré par celui d'une négresse; cette femme, étant venue puiser de l'eau, tout près de la maison isolée, avait entendu une voix humaine, poussant des cris inarticulés; cette voix sortait précisément de la maison où Giddins avait vu enfermer Morgan.

« Ni l'un ni l'autre de ces deux témoins n'avaient eu le courage de prévenir les autorités. Giddins avait cru avoir affaire à une bande de brigands infligeant une correction à l'un des leurs, et il avait trouvé dangereux pour lui d'intervenir.

« Ces témoignages étaient bien précis. Les magistrats n'en tinrent pourtant aucun compte. Cependant l'affaire en valait la peine, car il fut établi ensuite que les témoins avaient dit l'exacte vérité et que le malheureux Morgan avait été torturé pendant deux jours et trois nuits, qu'il avait ensuite été coupé en morceaux.

« Un franc-maçon de la loge de Rochester, nommé Henri Brown, qui, dans un moment d'ivresse avait laissé échapper des paroles compromettantes, fut considéré par le public, comme un des principaux meurtriers; les juges ne le firent même pas comparaître devant eux, à titre d'information.

« Les citoyens s'indignèrent, et il se forma une ligue antimaçonnique, on tint des assemblées ; partout on s'écriait qu'il fallait exclure des fonctions publiques les franc-maçons.

« Une assemblée de cent trois frères[1], cédant à l'entraînement général, avouèrent que les révélations de Morgan, cause de sa mort, étaient scrupuleusement vraies. — Tous ces incidents et autres n'étaient pas de nature à plaire à la franc-maçonnerie. Mais comment se disculper? comment se tirer de cette situation fâcheuse? La secte inventa à plaisir plusieurs histoires dont l'opinion publique ne se contenta pas.

« Les francs-maçons apportèrent alors un cadavre trouvé dans le lac Ontario, disant que Morgan, pris d'ivresse, s'était noyé. Mais Morgan était un

---

1. C'est ainsi que les francs-maçons s'appellent entre eux.

homme très sobre ; le cadavre fut reconnu pour celui d'un certain Menroë. On n'a jamais su comment les francs-maçons de New-York se l'étaient procuré. Cet incident ne fit qu'exciter davantage les esprits.

« Les loges, devant l'explosion de l'indignation publique, furent obligées de cesser leurs réunions dans toute l'étendue de l'Amérique et des colonies anglaises.

« Pour en finir, les loges firent paraître, en 1832, dans tous les journaux partisans de la franc-maçonnerie, un article, dans lequel ils insinuaient que que William Morgan avait été vu à Smyrne, vivant riche et heureux parmi les partisans de Mahomet. Smyrne étant à des milliers de lieues de New-York, la vérification du fait était d'ailleurs difficile à faire. L'opinion publique était lassée. Tout semblait devoir en rester là, et jamais, sans doute, la sépulture de William Morgan n'aurait été découverte, si, en août 1875, un journal indépendant, le plus important des États-Unis, ne s'était avisé de réveiller l'affaire. Le *New-York-Hérald* donc réunit tous les documents de l'ancienne enquête, tous les témoignages apportés à l'instruction si mal menée, provoqua de nouvelles investigations, qui furent enfin couronnées de succès. En juillet 1881, la sépulture du malheureux Morgan fut découverte à Pembroke, dans la province d'Ontario (Haut-Canada). Le crime était officiellement reconnu.

« C'étaient les membres de la loge de Rochester qui avaient assassiné l'indiscret journaliste. Dans la fosse, où avait été enterré Morgan, on retrouva quelques débris de papier portant le nom du franc-maçon Henri Brown, celui-là même qui, en 1826, était considéré, par l'opinion publique, comme un des meurtriers.

« Le peuple reconnaissant a élevé une statue, à William Morgan, sur une place publique de Batavia. Elle a été inaugurée solennellement en 1882. »

(D'après Léo TAXIL, *les Mystères de la Franc-Maçonnerie*.)

Assassinat de deux ouvriers italiens (1834).

Les deux victimes avaient été condamnées, par jugement secret, rendu à Marseille, dans le local de la loge la *Parfaite-Union*, qui existe encore rue Piscatoris, n° 24.

Les quatre ouvriers italiens Emiliani, Scuriatti, Lazzoneschi et Adriani étaient francs-maçons de ladite loge, et avaient grade de *maître* des loges; on les fit passer aux Arrière-Loges.

Ce qu'ils virent là, fut loin de leur plaire. En les admettant, on s'était trompé sur leur compte. Ils donnèrent leur démission, et en expliquèrent les motifs. Malheureusement pour eux, ils en avaient trop vu, et en savaient trop long.

Il y eut grand émoi, à la loge, qui leur avait révélé ses secrets; ces frères trop éclairés parurent dangereux. — Sur un avis de la loge, Mazzini, qui était alors à Genève, vint à Marseille, réunit, dans le local de la *Parfaite-Union*, les frères qui avaient les plus hauts grades, et les constitua en tribunal secret.

L'enquête particulière des séides de la société apprit que les quatre Italiens démissionnaires s'étaient rendus à Rodez. Il fut décidé, que deux d'entre eux, devaient être assassinés, comme ayant manifesté trop vivement leurs désillusions; quant aux deux autres, on s'en débarrasserait aussi, mais par des moyens moins expéditifs.

Mazzini qui présidait la séance, apposa sa signature à cet inqualifiable jugement. Cet arrêt de condamnation se terminait ainsi : « Le Président de la vente de Rodez (de la Loge) fera choix des exécuteurs de la présente sentence, qui en demeurent chargés dans le délai de rigueur de vingt jours, celui qui s'y refuserait encourrait la mort *ipso facto* (par le fait seul).

Pour faire croire à une vengeance particulière, les deux condamnés de la Maçonnerie devaient être frappés par des Italiens; il fallait prévoir le cas où les assassins ne réussiraient pas à s'échapper.

Peu après, Emiliani, passant par les rues de Rodez, est assailli par six de ses compatriotes qui lui cherchent une mauvaise querelle, et, dans la bagarre, reçoit plusieurs coups de couteau. Les assassins réussirent à se sauver; mais peu après, ils furent retrouvés et arrêtés. Quant à Emiliani, il parvint à échapper à la mort.

On instruisit l'affaire. La justice trompée par certaines apparences habilement créées, ne vit pas le fond des choses. Le procès vint aux assises, et les meurtriers, considérés comme de simples batailleurs, trop prompts à jouer du couteau, s'en tirèrent avec cinq ans de réclusion.

Emiliani, malade encore, avait assisté au procès, accompagné de sa femme qui l'entourait des soins réclamés par son état. En sortant de l'audience, il entre dans un café au bras de sa compagne. Son ami Lazzoneschi était avec eux. A peine étaient-ils assis, qu'un inconnu paraît, fond sur Emiliani sans prononcer une parole, lui plonge son poignard dans la poitrine; d'un second coup, il étend par terre Lazzoneschi, puis, comme Madame Emiliani se précipite au secours de son mari; il la renverse à son tour en la frappant par deux fois, de son arme. Alors l'assassin prend la fuite et n'est saisi qu'avec peine par des jeunes gens déterminés, à qui il oppose une résistance désespérée. Cette fois, le parquet comprend qu'il n'est pas en présence d'un meurtre ordinaire. Il se livre à une enquête et finit par mettre la main sur le fameux jugement du tribunal secret de Marseille. Cette pièce existait encore, il y a quelques années, aux archives de la Cour d'appel de Montpellier, qui compte Rodez dans sa circonscription judiciaire.

Emiliani et sa femme, ainsi que Lazzoneschi succombèrent victimes de cet épouvantable attentat.

Leurs obsèques eurent lieu avec une certaine solennité; néanmoins, la terreur était si grande dans la ville que les personnes qui assistèrent aux funérailles, pour protester contre le crime, demandèrent ensuite à l'autorité de leur permettre de porter des armes, afin de pouvoir se défendre, le cas échéant.

L'assassin, nommé Gaviol, porta sa tête sur l'échafaud. Il était Franc-Maçon de longue date. A Marseille, il avait reçu le 30e grade hiérarchique de la société maçonnique.

(D'après Léo TAXIL. *Les Mystères de la Franc-Maçonnerie.*)

Assassinat du Comte Rossi, à Rome (1848).

Le comte Rossi, député de Bologne et ministre du pape Pie IX, voulait réagir contre les conspirations et l'émeute révolutionnaire, œuvre des loges, qui désiraient arracher au souverain pontife le pouvoir temporel.

Craignant l'opposition du ministre qui était un homme de cœur, ils résolurent de s'en débarrasser à tout prix. Les principaux chefs des loges réunis dans un banquet, à Frascati, décidèrent qu'il serait tué à coups de poignard, lorsqu'il descendrait de voiture, quand il monterait l'escalier de la chancellerie, ou à l'entrée de la cour du palais, le jour de l'ouverture des chambres.

Mille circonstances pouvant intervenir pour empêcher un seul assassin de réussir, ils firent appel à vingt sicaires, à l'âme endurcie dans le crime. Le lendemain, on les réunit dans une grotte de l'Esquilin; le chef de la conjuration mit les vingt noms de ces forcenés dans une bourse qu'il agita à la lueur sinistre d'une torche. Mais avant de tirer au sort le nom de ceux qui devaient porter le coup mortel au ministre, il les fit jurer tous de tourner leurs poignards contre celui qui ferait mine de trembler, ou qui hésiterait à exécuter les ordres de la secte.

Ils joignent leurs armes, les croisent et jurent en criant tous ensemble : « Mort à Rossi. » Alors, l'homme de mort leva la bourse, tira trois noms, les lut à haute voix, congédia les autres et resta avec les exécuteurs désignés par le sort.

La grotte communiquait par une porte avec une grotte plus grande et plus profonde où trois cadavres, cachés sous un linceul, gisaient à terre. Un chirurgien de la secte était là debout. Il dit aux trois assassins : Si vous voulez que la victime tombe morte à vos pieds, il faut frapper un coup sec à la carotide; cette artère coupée, c'est la mort instantanée. Il leur fit toucher du doigt le tendon et la carotide, et les exerça à tour de rôle sur les cadavres. C'est bien, leur dit-il enfin. Il ajouta : Faites attention, braves gens, qu'on doit avoir beaucoup de présence d'esprit en frappant : il faut que le cou soit découvert, que la cravate et le col de l'habit ne vous gênent pas ; donnez légèrement un coup à l'épaule du ministre; il se retournera aussitôt pour voir qui l'a poussé; dans le mouvement la carotide ressortira et se présentera d'elle-même ; frappez subitement, retournez le poignard dans la plaie : jetez-vous dans la foule, mettez-vous à crier avec les autres et le tour est joué.

Cependant les projets criminels des loges contre la vie de Rossi s'étaient fait jour, et quelques délateurs avaient même ébruité jusqu'aux détails du plan des assassins. Une dame de haut rang avait écrit, de grand matin, à Rossi pour lui révéler la conjuration. Elle le suppliait de ne pas aller à la Chambre, sans quoi, il n'éviterait pas la mort. Pie IX lui dit aussi : « N'y allez pas, comte, ce sont des perfides capables de tout. » Rossi n'en tint pas compte. « Ce sont des lâches, s'écria-t-il, qu'une âme franche déconcerte. » Il demanda sa bénédiction au souverain pontife, et sortit du Quirinal, accompagné du substitut du ministre des finances et de son domestique particulier. Il était une heure et demie. La voiture se dirigea vers la place, qui était couverte de groupes formés de gens de toute espèce, aux visages inquiets et menaçants.

« Le voici ! le voici ! c'est lui ! » disait-on de toutes parts. La voiture entra sous les portiques du palais; le ministre descend le marchepied d'un air tranquille et ferme. Il voit partout des attroupements où règne l'exaltation.

Il passe au milieu des groupes. A quelques pas de l'escalier, il entend des sifflets et des cris ; il n'y fait pas attention, et continue sa marche.

Au moment où il met le pied sur la première marche, il sent un coup qui lui est porté au côté, il se retourne pour voir qui l'a frappé, et la pointe d'un stylet se plonge froide dans sa gorge. Il s'écrie : « O mon Dieu !... » saute trois marches, et tombe.

La foule des conspirateurs, à dessein fort nombreuse pour déjouer la police, se presse autour de lui. Par derrière, on crie : « Qu'y a-t-il?... Beaucoup de voix répondent en même temps : Silence ! silence! ce n'est rien. » Le substitut et le domestique de Rossi le prennent dans leurs bras, le portent dans la première chambre au haut de l'escalier, le posent sur un siège ; là, il pousse un soupir et meurt.

Rome fut stupéfaite et terrifiée à la nouvelle de cet acte horrible, qui la souillait aux yeux de toutes les nations civilisées.

Les conspirateurs, insultant au deuil public, portèrent le soir, en triomphe, dans les rues de Rome, avec illuminations de torches, un scélérat représentant le sicaire, tandis qu'une populace féroce, montrait la main de l'assassin armée d'un poignard ensanglanté, et cela en chantant. Vrais cannibales, ils portèrent le meurtrier sous les fenêtres de la veuve désolée et des enfants de l'infortunée victime.

Telle est l'humanité, telle est la morale des sociétés secrètes.

(D'après Bresciani. *Le Juif de Vérone*).

Assassinat de Garcia Moreno (1875).

La République de l'Équateur est un État de l'Amérique du Sud, compris entre la Nouvelle-Grenade, le Brésil, le Pérou et l'Océan Pacifique. Il est traversé par la chaîne des Andes, et forme trois bandes de terrain dont l'une, celle que baigne l'Océan, est particulièrement fertile. Elle produit la canne à sucre, la vanille, le cacao, l'indigo, le tabac, le quinquina, etc., et présente partout l'aspect d'une luxuriante végétation.

La République de l'Equateur fut constituée, en 1831, et eut, dès lors, un gouvernement spécial et indépendant. Le plus célèbre de ses présidents fut Garcia Moreno. C'était un homme d'un grand caractère, une de ces âmes fortement trempées dans les principes de la foi et de la saine politique, et qui s'inspirent de la religion du Christ.

Etudiant, à Paris, Garcia Moreno fut le modèle des jeunes gens. Il fréquentait les églises et non les théâtres, évitait la société; et ses journées libres, il les passait à la campagne. Prier et contempler la nature étaient ses meilleurs délassements.

Il quitta la France, en 1857, et fut nommé Président de la République de l'Equateur, en 1860. C'est là surtout, qu'il se montra grand par sa foi ardente et généreuse, et qu'il fit preuve de génie dans son administration. Son gouvernement, sage et fort, mais chrétien avant tout, fit bientôt de la République de l'Equateur le modèle des gouvernements. C'était une ère nouvelle et une protestation contre l'athéisme, qui veut régner en souverain, sur les trônes et dans tous les Etats. « Moi aussi, j'aime la liberté, disait souvent Garcia Moreno, mais la liberté de faire le bien; quant à celle de faire le mal, ou de le laisser faire, jamais! jamais!... »

Les loges maçonniques, effrayées de cet élan vers le bien, en plein dix-neuvième siècle, de ce retour officiel et si franc d'une nation vers le Dieu qui gouverne l'univers, voulurent faire payer à Garcia Moreno, cette émancipation dont il était le véritable auteur. Elles résolurent d'assassiner l'héroïque Président. C'est toujours leur ressource extrême. — Trois sicaires de la loge de Quito furent chargés de l'exécution de l'infernal décret. Le 6 août 1875, un premier vendredi du mois, vers deux heures de l'après-midi, Garcia Moreno se rendait au palais du Gouvernement pour présider une séance. Comme il passait devant la cathédrale, où le matin, il avait fait la sainte communion, il entra pour adorer le Saint-Sacrement, qui était exposé. Il en sortait, lorsqu'il fut frappé par le poignard de trois assassins.

On accourt de toutes parts. Mais le Président était mortellement blessé. On le porta dans la cathédrale, au pied de l'autel de Notre-Dame des Douleurs, où il expira, en pardonnant à ses assassins. Sa dernière parole fut : « Dieu ne meurt pas. »

ALEXANDRE ET CALLISTHÈNE

(La scène se passe sur le chemin de Tyr à Jérusalem).

On connaît le caractère d'Alexandre (voir *Alexandre et le Pirate*, p. 52). Tant qu'il resta vertueux, il aima la vérité. Dès que la flatterie eut corrompu son cœur, il devint méchant et cruel ; il alla jusqu'à faire mourir Callisthène, son ami et son conseiller.

La sagesse et la gravité de ce philosophe l'avaient fait choisir par Aristote lui-même, qui l'avait donné au roi, pour l'accompagner en Asie, dans la guerre de Perse, afin que ses conseils empêchassent Alexandre de tomber dans les excès, où l'entraînaient son sang bouillant et sa jeunesse.

Callisthène était un vrai philosophe par la solidité de son esprit, par l'étendue de ses connaissances, par la pureté de ses maximes, la rigidité de ses mœurs et par sa haine déclarée de toute dissimulation et de toute flatterie.

Mais il n'avait point les manières douces et insinuantes de la cour. Aristote, qui était son maître et son parent, lui reprochait souvent de ne connaître point assez cette souplesse qui rend aimable, ni ce juste milieu entre une lâche complaisance et une raideur inflexible qui fait la vertu agréable. Il avait tenté inutilement d'adoucir son humeur, et, prévoyant les suites que pouvait avoir cette façon libre et brusque de dire son sentiment, il lui répétait souvent ce vers d'Homère :

> La liberté, mon fils, abrégera tes jours.

La prédiction ne fut que trop vraie.

Après avoir triomphé de la Phénicie et d'une partie de la Perse, Alexandre, enivré de gloire, voulut se faire adorer par les vaincus.

Comme il avait, un jour, réuni dans un festin, tous les grands officiers de sa cour, et plusieurs des vaincus, un flatteur proposa, suivant l'ordre convenu, quand le roi sortirait de la salle du festin, pour ne point gêner les adulateurs d'adorer Alexandre, plus divin qu'Hercule, que Castor et Pollux, et l'égal de Jupiter.

Callisthène seul répliqua par un discours plein de sagesse, et démontra qu'Alexandre était un grand roi, qu'il fallait le respecter et lui rendre tous les honneurs dus à un mortel, mais qu'il n'était point un Dieu, et qu'on ne pouvait l'adorer sans faire injure à Jupiter, à Minerve et aux autres divinités auxquelles on le comparaît. Tout le monde applaudit.

Le roi, caché à dessein derrière une tapisserie, entendit tout ce discours et en fut indigné. Rentrant dans la salle, il ordonna à un de ses officiers de s'emparer de Callisthène et de le faire mourir.

« La mort de Callisthène, dit Sénèque, est un reproche éternel et un crime ineffaçable dont nulle belle qualité, nulle action guerrière, ne peut couvrir la honte. » Qu'on dise d'Alexandre qu'il a entraîné la Grèce, qu'il a tué des milliers de Barbares, qu'il a vaincu la Perse, fait plus de choses merveilleuses que les autres conquérants ; mais, à chacun de ces faits, on aura toujours à répondre : Oui, mais il a fait mourir Callisthène, le plus honnête homme de sa suite, et la grandeur de son crime étouffera toujours celle de toutes ses brillantes actions.

On nous pardonnera d'avoir rapporté ce trait qui n'était pas rigoureusement nécessaire pour la clarté du dialogue, mais que nous avons néanmoins raconté, à cause des leçons pratiques qu'il renferme pour la jeunesse, souvent brusque ou dissimulée, espérant ainsi lui montrer, en même temps, combien la flatterie peut corrompre les meilleures natures.

Le dialogue suivant trouve sa place naturelle après la prise et la ruine de Tyr. Les habitants de la Judée avaient refusé de se soumettre à Alexandre. Celui-ci, furieux de la fierté de leur réponse, résolut d'aller détruire Jérusalem.

L'Écriture nous dit, comment le grand-prêtre Jaddus sauva la ville et le temple, où Alexandre, épris mystérieusement du charme irrésistible de la religion des Juifs, alla lui-même offrir un sacrifice sur l'autel du Seigneur.

Alexandre. — Comme le soleil, après avoir fourni sa course dans un ciel sans nuages, disparaît majestueusement et se couche radieux dans cet horizon enflammé, ainsi un héros devrait terminer sa vie. J'ai toujours aimé cette pensée, qui est comme mon rêve favori.

Callisthène. — Notre vie ne nous appartient pas, elle est tout entière entre les mains de la Divinité. Souvent, les Dieux se jouant des desseins des hommes, leur laissent une longue existence pour éprouver leur vertu, et quelquefois, ils tranchent le fil de leur vie, au moment où elle leur offre le plus de charme.

Alexandre. — Pour moi, je voudrais mourir le jour de ma dernière victoire ; l'on m'ensevelirait au lieu même où combattit ma phalange, et l'on graverait sur ma tombe : « Ici, s'arrêtent les victoires d'Alexandre, parce qu'il cessa de vivre. » Quelle grandeur d'être pleuré par une armée victorieuse ! quelle renommée de n'avoir jamais été vaincu !

Callisthène. — Il y a souvent plus de grandeur à supporter avec courage les obstacles qui s'opposent à nos désirs, les revers de la fortune. Et moi, je préférerais, que vous surviviez à la plus terrible des défaites ; vous sauveriez alors la vie de tant de héros dont l'existence s'attache à la vôtre. Ainsi, que serait devenue votre armée, si vous aviez cessé de vivre le jour où nous éprouvâmes le premier revers au siège de Tyr[1].

1. La digue gigantesque qu'il avait élevée dans la mer fut plusieurs fois renversée par la tempête. Les assiégés détruisaient,

Alexandre. — C'est vrai ; il a fallu toute l'énergie de ma volonté, tout l'enthousiasme de ma jeunesse pour soutenir le courage de mon armée, qui était sur le point de faiblir. Lorsque la première digue fut emportée par la tempête, si je n'avais pas été à la peine, tout eût été perdu ; déjà mes meilleurs généraux consentaient à la paix ; seul, je dus résister à tous. Mais tout autre qu'Alexandre eût renoncé au siège de Tyr.

Callisthène. — Et l'avenir a pleinement justifié la sagesse de votre conduite.

Alexandre. — Il fallait que Tyr cessât d'exister ou qu'Alexandre abandonnât ses vastes projets. On ne pouvait compter sur la paix conclue avec ces marchands dont la perfidie égalait l'insolence.

Callisthène. — Vous auriez pu les traiter avec moins de rigueur.

Alexandre. — Après les avoir vaincus, il fallait ou leur pardonner complètement, ce qui eût été bien imprudent, ou les mettre hors d'état de nous nuire, et j'ai suivi le parti le plus sûr. Jamais ces trafiquants n'eussent servi notre cause.

Callisthène. — Mais, en agissant ainsi, il faut se promettre de n'être jamais vaincu.

Alexandre. — Tyr n'est plus. Darius est en fuite...

---

avec une adresse extraordinaire, ses travaux de siège ; ils avaient aussi des boucliers d'airain qu'ils tiraient tout rouges du feu, les remplissaient de sable embrasé et les jetaient promptement sur les ennemis. Les Macédoniens ne craignaient rien tant que cette invention, qui leur causait un mal affreux. Alexandre lui-même se fût découragé et eût levé le siège, s'il n'était entré dans les desseins de la Providence de renverser la riche et orgueilleuse Tyr.

Que sont devenues ces armées qui couvraient son empire? Elles se sont dissipées comme le brouillard du matin à l'approche du soleil; elles se sont fondues comme la neige aux premiers feux du printemps.

Callisthène. — Quand les Dieux veulent châtier une nation des crimes qu'elle a commis, ils mettent la division dans son conseil, font marcher l'épouvante au-devant du vainqueur, mais une fois que celui-ci a rempli les desseins des Immortels, souvent, ces mêmes Dieux le brisent comme un vase d'argile, pour montrer, que la puissance des hommes est petite, et qu'elle dépend de la volonté des Immortels.

Alexandre. — Mais les Dieux se sont déclarés pour nous. Nous avons éprouvé leur protection dans bien des circonstances, et ces pauvres Tyriens pensaient les mettre de leur côté en enchaînant leurs statues. Ils ne savaient donc pas que les Dieux tutélaires sont toujours pour les hommes vertueux et non pour ceux qui souillent la terre par toutes sortes de crimes.

Callisthène. — Craignons toujours de les irriter par notre peu de vertu. Ils veulent que les princes les remplacent en faisant régner la justice sur la terre.

Alexandre. — C'est pour cela que je me rends à Jérusalem, pour punir cette nation lâche et perverse, qui a osé refuser de se soumettre, et qui n'a point voulu me fournir le blé dont j'avais besoin pour mon armée.

Callisthène. — Son crime, Seigneur, n'est pas aussi grand que vous vous le figurez.

Alexandre. — Je leur ai fait des offres généreuses, et non contents de les refuser, ils ont pris ouvertement le parti de Darius.

Callisthène. — Ils avaient juré obéissance à ce prince, et c'est montrer beaucoup de courage que de ne l'avoir point abandonné dans le malheur.

Alexandre. — Pendant que j'étais occupé au siège de Tyr, ils se sont opposés à l'approvisionnement de mon armée.

Callisthène. — Ils ne pouvaient vous favoriser, tant qu'ils restaient fidèles à leur souverain, et j'aime ceux qui n'abandonnent point leurs amis, quand la fortune leur devient contraire.

Alexandre. — Et moi, je veux punir cette insolente nation.

Callisthène. — Craignez d'exercer une trop grande vengeance contre eux, qui n'ont commis d'autre crime, que d'être restés fidèles à leurs engagements.

Alexandre. — Que je craigne les Juifs, race vile et méprisable, moi qui me suis joué des armées de Darius! Rappelle-toi le passage du Granique[1] et tu sauras que le danger a pour moi des charmes.

---

1. Arrivé sur les bords du Granique, cent mille hommes de pied et plus de dix mille cavaliers perses gardaient toutes les hauteurs, ainsi que la plaine. Les Macédoniens étaient au nombre de trente mille seulement. Alexandre, se jetant au milieu de la cavalerie ennemie, fit des prodiges de valeur. Il se battit corps à corps avec deux satrapes; il en tua un. Le second allait porter un coup de hache mortel au roi, lorsque Clitus, d'un coup d'épée,

Callisthène. — On raconte, au sujet de cette nation, des faits surprenants dont le résultat surpasse la sagesse humaine.

Alexandre. — Quels sont les exploits de ce peuple qui n'a point d'armée, auprès de mon invincible phalange! il a toujours été sous le joug des voisins.

Callisthène. — Il a eu des rois puissants, qui ont surpassé, en sagesse et en vertu, les conquérants les plus fameux.

Alexandre. — Oui, David et Salomon, mais depuis!... et ils verront bientôt s'ils peuvent résister à la puissance d'Alexandre.

Callisthène. — Avez-vous oublié, prince, qu'Aristote nous disait, qu'ils avaient un Dieu puissant; et que, tant qu'ils restaient fidèles aux lois, qu'il leur avait données lui-même, ils n'avaient rien à craindre de leurs ennemis.

Alexandre. — Je ne connais pas de Dieux plus puissants que ceux auxquels je rends hommage, et j'espère bientôt être leur égal.

Callisthène. — Aristote nous disait encore, que c'est un peuple souverainement privilégié : leur Dieu les a tirés de la servitude d'Égypte et les a toujours protégés contre leurs ennemis. Un jour, Sennachérib, roi des Assyriens, entra en Judée avec une puissante armée et campa près de Jérusa-

---

coupa le bras du satrape. L'armée, encouragée par son chef, repoussa les Perses. — « Le passage du Granique, dit Montesquieu, fit qu'Alexandre se rendit maître des colonies grecques. La bataille d'Issus lui donna Tyr et l'Égypte; la bataille d'Arbelles lui donna toute la terre. »

lem, dans le dessein de tout détruire, mais une puissance invisible fit périr, dans une seule nuit cent quatre-vingt mille de ses soldats, et ce prince épouvanté s'enfuit dans ses États; poursuivi par la vengeance céleste, il fut assassiné par deux de ses enfants.

Alexandre. — Dans cette armée, il n'y avait pas ma phalange, ni mes généraux, ni Alexandre. Je voudrais voir cet ennemi inconnu pénétrant dans mon camp pour massacrer mes soldats!

Callisthène. — Vous voudriez donc, prince, lutter contre le ciel lui-même!

Alexandre. — Plus Jérusalem sera forte, plus elle sera digne d'Alexandre. Que toutes les puissances de la terre se réunissent contre moi, que le ciel entier se ligue avec l'enfer, rien ne pourra arrêter ma colère. La Perse tout entière dira quelle fut ma vengeance; et les Juifs dispersés, vendus comme des esclaves, publieront, par toute la terre, quelles furent ma grandeur et ma puissance!

Callisthène (regardant vers Jérusalem voit venir le grand-prêtre et ses lévites). — Quels sont ces gens en habits de lin, que l'on aperçoit au loin?... Ils viennent à notre rencontre... Quel est cet homme qui marche à leur tête?... Il porte une tiare, et sur le front, une lame d'or sur laquelle le nom de Jéhovah, le Dieu des Juifs, est écrit. Mais... Alexandre se trouble... comme il pâlit! il fléchit le genou devant ce Juif! Que sont devenus vos projets de vengeance? Prince, vous vous trompez, ce sont des Juifs auxquels vous rendez hommage!

Alexandre (avec émotion et s'inclinant à la vue du grand-prêtre). — Ce n'est pas cet homme que j'adore, mais en sa personne, le Dieu dont il est le ministre, car, lorsque j'étais à Die, en Macédoine, et que l'esprit plein de la guerre contre les Perses, je délibérais par quels moyens je pourrais conquérir l'Asie, ce même homme, avec les mêmes habits, m'apparut en songe, m'exhorta à ne rien craindre, me dit de passer hardiment le détroit de l'Hellespont, et m'assura, que son Dieu marcherait à la tête de mon armée, et me ferait vaincre les Perses. A son habit, aussi bien qu'à sa taille, à son air et à son visage, je n'ai pas hésité à le reconnaître pour le même personnage, et maintenant je ne puis douter que ce soit par les ordres et sous la conduite de ce même Dieu que j'ai entrepris cette guerre. Je suis assuré désormais de détruire l'empire des Perses. (S'adressant au grand-prêtre.) « O toi ! le ministre du Dieu qui me « conduit, je pardonne à ta nation coupable. Je « veux avec toi monter au temple et offrir à ton « Dieu des sacrifices dignes de Lui. »

Callisthène, — Plus que jamais, je comprends que les Dieux tiennent le cœur des hommes entre leurs mains, et qu'ils en disposent à leur volonté.

CÉSAR ET LYNDAX

Après avoir vaincu les Gaulois par des moyens souvent cruels et inhumains, César se les attacha par la douceur de son administration. Comprenant combien ce peuple vaillant pouvait lui fournir de ressources, pour dominer Rome, il s'efforça de transporter, en Gaule, la civilisation du Capitole. Insensiblement, les Gaulois s'habituèrent au joug des Romains, et finirent même par l'aimer. César forma plusieurs légions de Gaulois qui furent toujours braves, toujours fidèles à sa fortune, et lui assurèrent la victoire, notamment à Pharsale (48 av. J.-C.).

Pompée, resté seul maître de Rome, après la mort de Crassus, et l'éloignement de César, briguait le consulat et la dictature[1]. A cette nouvelle, qu'il apprit au fond des Gaules, César résolut de se venger, par les armes, de l'injustice que le Sénat lui faisait, en soutenant son rival, et pour renforcer les

---

[1]. L'histoire a donné le nom de Triumvirat, à une sorte de traité conclu entre Pompée, César et Crassus, par lequel ces trois ambitieux se promettaient aide et soutien réciproques.

légions des Gaules, il voulut s'assurer l'appui des Gaulois, dont la valeur lui était si connue.

Dans le dialogue suivant, le vainqueur des Gaules, pour mieux intéresser les Gaulois, et les engager plus adroitement à épouser sa cause, et s'assurer leur concours, feint d'hésiter, dans sa détermination bien arrêtée, de porter ses armes contre Pompée et contre Rome. Lyndax, chef des Gaulois, dans sa bravoure et sa loyauté toutes gauloises, dit sans détour, à son vainqueur, tout ce qu'il pense de son projet, et plaide, comme on dit vulgairement, un procès gagné d'avance.

César. — Connais-tu, mon cher et fidèle Lyndax, les nouvelles qui nous viennent de Rome ?

Lyndax. — Personne, hors de la Gaule, ne s'occupe de moi. Comment veux-tu, que de l'Italie, on m'informe de ce qui se fait à Rome ?

César. — Apprends-donc qu'il s'y passe d'étranges choses ; et c'est pour t'en faire part que je te fais appeler.

Lyndax. — C'est beaucoup d'honneur que tu me fais. S'il te fallait mon bras et celui de mes compagnons, tu pourrais y compter.

César. — Tu sais que le consulat est la première dignité dans Rome.

Lyndax. — Je le sais.

César. — J'espérais être encore nommé, mais voilà qu'un concurrent jaloux, violant la foi de l'amitié jurée[1], organise contre moi la cabale et la trahison. Et ce traître se nomme Pompée.

Lyndax. — C'est un lâche!

César. — Non content de conspirer ouvertement contre moi, il calomnie odieusement les légions des Gaules et leur chef. Il prête aux Gaulois des vues indignes de leur courage et de leur loyauté.

Lyndax. — Ce fer apprendra bientôt à ce traître qu'il faut mettre un frein à sa langue, et qu'on ne provoque pas en vain les Gaulois.

César. — Rome est devenue vénale; c'est le plus riche qui l'achète. L'antique austérité des mœurs et des vertus romaines a fait place au luxe et à la débauche. Ce n'est plus par le mérite qu'on arrive aux emplois publics; ce n'est plus le désintéressement des Cincinnatus qui assure aux chefs un prestige mérité. C'est l'ambition seule, qui règne sur le peuple par le déchaînement des passions les plus viles et les plus honteuses.

Pompée prodigue à pleines mains l'argent du trésor, aux sénateurs, pour acheter leurs suffrages.

Lyndax. — Mais il compte donc sans toi et sans les Gaulois. César, ne connais-tu pas notre bravoure? Conduis-nous à la victoire contre ton rival.

César. — Mon ennemi flatte le peuple, et pense fortifier son parti, en attirant dans ses rangs la jeunesse patricienne. Mais ce n'est plus aujourd'hui cette jeunesse vertueuse aimant le travail et capable de sacrifices. Ce ne sont plus des hommes;

---

1. Allusion au Triumvirat que méconnaît Pompée.

ce ne sont guère que des ombres épuisées par la démoralisation et le plaisir. Ils se fardent et se peignent comme des femmes. Habitués au luxe et à la mollesse, ils sont incapables de soutenir une épée, comme de supporter les fatigues de la guerre.

Lyndax. — Nous aurons beau jeu de ces efféminés, nous qui ne redoutons, ni la fatigue, ni les besoins de la vie, ni les tourments, ni la mort. Mais peut-être crains-tu le chef plus que ses troupes.

César. — Pompée, malgré les airs de grandeur et les allures de triomphateur qu'il cherche à se donner parmi les patriciens, n'est au fond, qu'un chef de parti médiocre. S'il sait se battre avec bravoure dans la mêlée, se tirer d'un pas difficile, rallier autour de lui des chevaliers pour soutenir le choc d'un moment, il n'a ni grandeur dans les vues, ni fermeté dans la conduite, ni énergie, ni décision dans le caractère. Il n'est tout au plus propre qu'au second rôle dans les temps difficiles. S'il a vaincu les peuples de l'Asie, c'est qu'ils n'étaient pas aussi terribles que les Gaulois. Voilà, mon cher Lyndax, toute la valeur de mon rival. Si j'avais redouté ses talents, je n'eusse pas signé, avec lui et Crassus, le Triumvirat, contre lequel le parjure se déclare maintenant.

Lyndax. — Pourquoi donc hésiter à nous ordonner de passer les Alpes? Les Gaulois aiment le chemin qui conduit à Rome. Et le souvenir des exploits de nos pères contre le Capitole est encore vivant dans nos tribus.

César. — Mes hésitations, Lyndax, ne partent point d'une crainte puérile.

Lyndax. — Tu ne redoutes, ni le chef, ni l'armée, dis-tu? Ton génie et ta puissante volonté pour arriver à tes fins, le prestige que tu emporteras des Gaules, après en avoir fait la conquête, les légions gauloises, qui vont grossir ton armée, t'assureront un plein succès, avant même d'arriver à Rome, et donneront complète satisfaction à ta légitime vengeance. Que peux-tu donc redouter? Qui te fait éloigner un si brillant projet? Je vais en informer mes Gaulois. Ils brûleront d'impatience jusqu'au moment du départ pour l'Italie.

César. — Les Gaulois sont pleins de bravoure. S'ils avaient été unis sous un même chef, ni les légions de César, ni la terre entière n'eût pu les vaincre[1]. Mais, patience, mon cher Lyndax, bien que je fonde mon triomphe sur ta valeur et sur celle de tes vigoureux et intelligents compagnons, j'ai besoin de réfléchir. Quoique éloigné de Rome, comme chef des légions et gouverneur des Gaules, j'aime ma patrie, et j'hésite avant de porter mes armes contre elle pour satisfaire mon ambition.

Lyndax. — Rome mérite d'être châtiée pour tous les maux qu'elle nous cause. Et puis, souviens-toi du mépris que fait le Sénat de ta valeur. Il veut t'enlever ton commandement, et peut-être payerait-il par l'exil les services que tu lui as rendus. Prenons les armes et marchons.

---

1. César dit lui-même dans ses *Commentaires* sur la guerre des Gaules : « Si la Gaule sait être unie pour former une seule nation, elle peut défier l'univers. »
Napoléon III a fait inscrire cette phrase de César sur le piédestal de la statue de Vercingétorix à Alise-Sainte-Reine (Côte-d'Or).

César. — Quand je songe aux maux que je vais attirer sur ma patrie, en allumant le feu de la guerre civile, je tremble. Mes projets de vengeance s'évanouissent. J'ai vu jadis le sang des citoyens couler au Forum comme les flots du Tibre, et je crains que l'ère du sang ne recommence. César ne veut point ramener les jours lugubres de Marius et de Sylla, ni régner sur Rome par le sang.

Lyndax. — Ah! je le vois, le sang romain t'effraie. Ta délicatesse me surprend aujourd'hui. Que n'étais-tu animé de pareils sentiments, lorsque tu conquérais la Gaule, ma patrie! Tu semais partout la guerre civile pour triompher à la faveur de nos discordes. As-tu oublié ta cruauté? Te souviens-tu d'avoir renfermé des tribus entières dans une épaisse forêt et d'avoir ensuite allumé l'incendie aux quatre coins, avec ordre à tes légions de n'épargner, ni les femmes, ni les enfants? As-tu oublié les massacres affreux de tant de milliers de Gaulois? Il est vrai que ta douceur et ta bonne administration ont cicatrisé un peu tant de plaies horribles, et ont fait oublier aux Gaulois vaincus tes moyens de conquête.

César. — C'est parce que j'ai toujours présents à mon esprit les maux qu'a soufferts la Gaule, que j'hésite à déchirer le sein de ma patrie. Ah! quelle douleur, et quel remords s'empareraient de moi, si un ennemi, profitant de nos divisions, venait détruire la puissance romaine!

Lyndax. — Attends donc que le Sénat te déclare traître à la patrie, que Pompée te dépouille de ton

POMPÉE VAINCU A PHARSALE.

commandement, et que bientôt après, il se saisisse de toi, t'attache à son char de victoire et te conduise au Capitole pour orner son triomphe.

César. — Et puis, il existe encore une loi qui me défend de franchir le Rubicon, limite de mon gouvernement, du côté de l'Italie, c'est un nouvel obstacle qui s'oppose à mes desseins.

Lyndax. — Y a-t-il une loi qui puisse défendre de punir un traître, un conspirateur, un parjure ? Et qui fait les lois ? n'est-ce pas le vainqueur ?

César. — Eh bien, Lyndax, « *le sort en est jeté*[1]. » Je me rends à tes vœux. Avise donc tes Gaulois et que la légion de l'Alouette dont tu es le vaillant chef, ouvre la marche et soit l'honneur et la gloire de l'expédition !

Nous partons demain aux premiers feux du jour, au chant favori des légions. Que les dieux de Rome et de la Gaule bénissent la grandeur de notre entreprise ! »

La marche de César fut si rapide, qu'il arriva en Italie, au moment où on le croyait encore au fond des Gaules. Pompée n'eut pas le temps de rassembler ses troupes, il s'enfuit, en Grèce, avec une partie de la jeunesse patricienne. César l'y suivit ; les deux armées se rencontrèrent dans les plaines de Pharsale, au sud de la Macédoine. Et, grâce à la valeur des légions et surtout à la furie gauloise, César fut vainqueur.

---

1. *Alea jacta est.*

Pompée, s'embarqua en fugitif et passa en Égypte, où il croyait trouver bon accueil, à cause des services qu'il avait rendus au roi Ptolémée.

Mais comme il prenait terre, il fut assassiné par six émissaires, que Ptolémée lui-même avait envoyés. Pompée expira en répétant ces vers fameux :

> Dans la cour d'un tyran, quiconque s'est jeté,
> Quelque libre qu'il soit, il perd sa liberté.

Ptolémée, croyant se faire un ami de César lui fit présenter la tête de Pompée. A la vue de la tête de celui qui avait été son ami, César versa des larmes abondantes, en pensant à la fragilité des destinées humaines.

Peut-être avait-il un pressentiment de ce qui devait lui arriver à lui-même. — Il punit Ptolémée de ce crime en divisant son royaume.

De là, il passa en Syrie, et la conquit si rapidement, qu'il put écrire, à un de ses amis, cette lettre si concise pour marquer la rapidité de sa conquête : « Je suis venu, j'ai vu, j'ai vaincu. *Veni, vidi, vici.* » — Après des succès de plus en plus brillants, César rentra à Rome, où il put jouir, sans rival, de sa victoire jusqu'au jour où, vingt-deux coups de poignard l'étendirent mort dans l'enceinte du Sénat aux pieds de la statue de Romulus, à la grande honte de huit cents sénateurs qui n'eurent pas le courage de le défendre contre le fer homicide d'une soixantaine de conjurés.

ÉPILOGUE

LE PÈRE DE FAMILLE ET L'OUVRIER

(ALLÉGORIE)

Le Père de famille. — Mon ami, je vous vois inoccupé, voudriez-vous travailler à mon service ?

L'Ouvrier. — J'aime l'indépendance, la liberté et le bien-être. Je hais la contrainte, le travail et la tyrannie... Mais d'abord qui êtes-vous ?

Le Père de famille. — Je suis un riche propriétaire qui a aboli l'esclavage et proclamé la liberté la plus large dans tous ses domaines ; j'aime voir ceux qui me servent, mener une vie douce, paisible et heureuse ; c'est mon désir, c'est le rêve de mon cœur.

L'Ouvrier (à part). — C'est un langage étrange, qui m'étonne d'autant plus dans la bouche d'un maître que ceux-ci sont souvent sévères et exigeants envers leurs serviteurs : ils veulent recevoir beaucoup et donner peu. (Au père de famille) Seigneur ! Et où me faudrait-il aller travailler ?

Le Père de famille. — J'ai, en un lieu chéri du ciel, une vaste et belle campagne, où j'ai su réunir tout ce qu'il y a d'utile et d'agréable. Partout règnent le goût, l'ordre et l'agrément : l'ombrage de beaux arbres rafraîchit et tempère les ardeurs du soleil ; de nombreux et limpides ruisseaux portent la fécondité et une douce fraîcheur.

La végétation s'y développe rapidement ; les fleurs les plus variées et les plus délicates y sont cultivées avec un soin vigilant ; les fruits les plus beaux et les plus succulents y mûrissent en toute saison ; le chant des oiseaux et un ciel toujours d'azur égayent, à plaisir, toute l'étendue de mes immenses domaines. Un seul point laisse à désirer, c'est que je manque d'ouvriers.

L'Ouvrier. — A quel travail voudriez-vous m'employer ?

Le Père de famille. — Vous choisirez vous-même le genre d'occupations qui sera conforme à vos goûts, à vos inclinations. Je l'ai dit, je laisse toute liberté à ceux qui me servent.

L'Ouvrier (à part). — Voilà qui est commode. (Au père de famille). Mais, quels sont, alors, les divers travaux qu'on exécute dans vos domaines ?

Le Père de famille. — Les uns défrichent le terrain jusque-là inculte, les autres sèment ou plantent, d'autres arrosent et font croître les plantes nécessaires à la vie ; d'autres cueillent les fruits que les premiers ont conduit jusqu'à la maturité ; quelques-uns déracinent les ronces et les mauvaises herbes, qui nuiraient à la récolte du bon grain ;

d'autres soignent mon parterre avec une tendre sollicitude, afin qu'il soit toujours garni des fleurs les plus fraîches et les plus odoriférantes.

Et parmi ces fleurs il en est trois que je préfère : la violette, le lis et la rose. Oh ! ces trois ont toutes mes tendresses. Dans chaque bouquet que mes serviteurs me présentent, je veux qu'elles dominent.

L'Ouvrier. — Mais ces fleurs sont faciles à soigner, elles croissent comme d'elles-mêmes dans toutes les terres. Lorsque j'étais jeune, elles poussaient sans aucun soin, dans le petit parterre que je cultivais dans le jardin de mon père.

Le Père de famille. — Si vous voulez vous charger de cet emploi, dans mon domaine, si vous me promettez de m'offrir de ces fleurs bien épanouies, quand j'irai visiter mes jardins, je jure que je vous récompenserai magnifiquement et peu de personnes seront plus heureuses que vous.

L'Ouvrier. — J'essaierai d'y réussir et je crois que le terrain le plus ingrat ne saurait résister à mon ardeur, si ces trois fleurs ne deviennent, sous ma main, aussi belles que vous le désirez !

Le Père de famille. — Je suis satisfait de votre enthousiasme, mais je dois vous prévenir, que vous éprouverez des difficultés imprévues et rencontrerez de nombreux obstacles. N'en soyez pas surpris.

L'Ouvrier. — Et quelles difficultés peut-on rencontrer à faire croître un rosier, à soigner un lis et à préserver des feux du soleil la timide violette, qui, par un humble et secret instinct, cherche l'ombre et les lieux solitaires !

Le Père de famille. — Dans mes campagnes, au milieu de tant de beautés, il y a, hélas! des animaux malfaisants, des serpents, des scorpions, des tarentules dont la morsure est toujours fort dangereuse, et quelquefois mortelle. Si leur venin est à redouter pour mes serviteurs, dont plusieurs sont morts, dans d'affreuses tortures, il est aussi à craindre pour les plantes ; d'autres reptiles immondes bavent sur mes plus belles fleurs, en ternissent l'éclat, et en font également leur proie.

Le plus souvent ils simulent la fuite et se cachent parmi les fleurs, dont ils prennent parfois certaines apparences, et trompent ainsi l'ouvrier négligent ou peu éclairé.

L'Ouvrier. — Et n'y a-t-il pas de remède contre leur morsure?

Le Père de famille. — Les remèdes sont nombreux et toujours efficaces, si on les prend à temps et avec toutes les précautions de sagesse et de prudence indiquées. J'ai notamment préparé moi-même une nourriture et un breuvage mystérieux qui dissipent rapidement le venin.

L'Ouvrier. — Mais alors personne ne doit succomber?

Le Père de famille. — Ah! si tous faisaient usage des remèdes puissants que j'ai inventés comme antidotes contre le venin et contre la morsure des serpents et des autres animaux, ils ne mourraient certainement pas; mais, hélas! il y a des insensés qui, pour éviter l'amertume apparente du remède, préfèrent mourir dans d'inexprimables douleurs.

L'Ouvrier. — Et qui donc est dépositaire de tous ces remèdes?

Le Père de famille. — Tous ceux que j'ai établis pour mes intendants, et auxquels j'ai confié la garde et le soin de ma maison. Ils sont les dispensateurs de mes biens, en donnent à tous ceux qui en désirent sincèrement.

L'Ouvrier. — Je le vois, vous êtes, seigneur, un maître magnanime, et je veux être de vos serviteurs fidèles. Mais, dites-moi, quel sera mon salaire?

Le Père de famille. — Plus grand que ce que vous pouvez le désirer ou le prévoir. Mais avant de vous payer, je veux apprécier votre travail. Ainsi je compterai tous les grains de sable que vous aurez remués, les gouttes d'eau que vous aurez répandues sur mes plantes. Chacun de vos mouvements sera récompensé, et dans peu de temps vous serez assez riche pour passer dans la tranquillité et le bonheur une interminable vieillesse.

L'Ouvrier. — Mais combien de temps me faudra-t-il travailler avant de recevoir ma rémunération?

Le Père de famille. — Pour éprouver votre fidélité, je ne veux point vous marquer un terme, mais il arrivera bientôt.

L'Ouvrier. — Vos récompenses, seigneur, m'enchaînent à vous, et je ne veux point d'autre joug que le vôtre.

Le Père de famille. — Avant de partir, écoutez mes dernières instructions, elles pourraient encore adoucir votre travail et en grandir la récompense. Quand vous aurez fait preuve de diligence et de fidélité au grand air dans mes vastes campagnes ou dans mes parterres, demandez à faire partie de mes ouvriers d'élite, alors vous serez admis dans l'intérieur de mon palais. Là, je vous verrai de plus près, vous ferez partie de mon entourage intime, de mon personnel de confiance. Les fleurs, que vous y cultiverez, n'auront à redouter, ni les chaleurs brûlantes de l'été, qui dessèchent les plus fraîches, et font pâlir les plus vives, ni les frimas de l'automne, ni les rigueurs de l'hiver, qui atteignent jusqu'aux racines, ni les gelées tardives du printemps qui surprennent les premières écloses. Tout y sera savamment mesuré, et la lumière et l'ombre, et la chaleur et l'humidité, et tout ce qui est utile au développement des plantes, que l'on y élève avec une sollicitude plus grande qu'ailleurs. Partez donc et méritez par vos soins et votre travail la récompense que je vous destine, et que j'ai tant à cœur de vous décerner.

Ce dialogue, fruit d'une de nos méditations sur la parabole des *Ouvriers envoyés à la vigne* (Saint Matthieu, ch. xx) dont il est une imitation, servira d'*épilogue* à cette première série des *Fleurs de l'Histoire*.

Le sens de cette allégorie, si transparente, n'échappera à personne. Néanmoins, si quelques-uns de nos jeunes lecteurs n'en saisissaient pas toutes les nuances, nous en donnons ici une traduction dépouillée de sa forme imagée et allégorique.

Le Père de famille, c'est le bon Dieu, et l'ouvrier, c'est chacun de nous. Ce jardin, cette belle campagne, ces domaines, c'est notre âme, qu'il désire voir ornée de toutes les vertus chrétiennes, comparées à des fleurs délicates et remplies de parfums les plus suaves.

Le Père de famille se plaint qu'il manque d'ouvriers. Combien y en a-t-il qui négligent la culture de leur âme, comme une terre en friche, y laissent croître librement les mauvaises herbes, les ronces et les épines, c'est-à-dire toutes les passions.

Le bon Dieu veut que nous acquérions les vertus, mais il nous laisse le choix et les moyens d'arriver au but.

« Il est dit que le Père de famille préfère trois vertus plus spécialement, parce qu'elles sont comme le fondement, la base nécessaire de toute perfection, et sans lesquelles les autres vertus ne sauraient exister réellement. Ce sont : l'Humilité, représentée par la Violette ; la Pureté, par le Lis ; la Charité, par la Rose aux vives couleurs.

« Nous devons tous, tant que nous sommes, cultiver d'abord notre âme avec le plus grand soin, et ce travail, dit le père de famille, n'est pas sans difficultés. Mais, si nous avons souvent recours à lui, il aplanira tous les obstacles. »

Le jardin du Père de famille comprend aussi l'âme de notre prochain, qu'il faut porter au bien en l'édifiant, en priant pour lui, et en lui donnant de bons conseils, et chacun dans le milieu où il vit.

Il est ensuite, des hommes spéciaux, que le bon Dieu a choisis comme ses ouvriers de prédilection pour cultiver sa vigne. Ce sont les prêtres, les missionnaires, les religieux consacrés aux œuvres de charité et, en particulier, ceux qui élèvent la jeunesse, qui sacrifient toute leur existence pour se livrer à l'apostolat.

Ce sont ces ouvriers de prédilection dont parle le Père de famille, qui, après avoir fait un travail commun, ordinaire, en pleine campagne, sont introduits dans l'intérieur de son palais, pour faire partie de son entourage privilégié, qui jouissent de toute sa confiance et de ses faveurs spéciales, c'est-à-dire dans la vie religieuse.

Il dit encore que la moisson est grande et que le nombre des ouvriers est petit, parce que beaucoup sont appelés, mais peu répondent à son invitation. Par des calculs d'intérêt ou par manque de générosité, ils font comme le jeune homme de l'Évangile que Jésus avait appelé à sa suite et qui, néanmoins, s'éloigna avec tristesse.

Si vous vous sentez appelé par une voix intérieure, par un goût ou un attrait particulier, ferez-vous comme ce jeune homme égoïste? Manquerez-vous de cœur? Ne répondrez-vous pas à la voix si douce et si tendre de Jésus, qui veut vous rendre heureux, vous donner le centuple, même en ce monde, vous faire briller au ciel comme une étoile au firmament, et vous faire asseoir sur un trône pour juger les douze tribus d'Israël?...

TABLE DES MATIÈRES

	Pages.
Approbation de S. Em. le Cardinal Desprez, Archevêque de Toulouse	VII
Lettre de l'Archevêché de Paris	VIII
Approbation de Monseigneur l'Évêque de Mende	IX
Lettre de l'Évêché de Rodez et de Vabres	X
Lettre de l'Évêché de Saint-Flour	XI
Lettre de M. l'abbé Figuière, professeur de rhétorique au Petit Séminaire de Mende	XII

TEXTE :

Avant-Propos	1
Le Franc et le Gaulois	31
Bonaparte et la vieille Cantinière	34
Coriolan et Véturie	42
Alexandre et le Pirate	52
Jean Bart et le Courtisan, au château de Versailles	57
Amilcar Barca et Annibal	64
Biographie d'Annibal	77
Biographie de Lamoricière	87
Thiers et Lamoricière	92
Biographie de Lamoricière (*Suite*)	102
Thiers et Lamoricière (Question romaine)	108
Biographie du général Drouot	115
Thiers et le général Drouot	131

TABLE DES MATIÈRES.

	Pages.
Witikind et Charlemagne....................................	142
Socrate et Xantippe..	149
Fairfax, lord Capel et son fils Arthur, au siège de Colchester (1648)..	156
Jacques Cœur (1400-1456)...................................	160
Jacques Cœur et Olivier....................................	162
Duguesclin et la Religieuse................................	173
Mme Svetchine, le Général, le Marin et le Poète (Victor Hugo), ou ce qui m'émotionne le plus...........................	179
Napoléon et le Docteur anglais.............................	188
Jeanne d'Arc et les bergères de Vaucouleurs................	194
La Franc-Maçonnerie ou Ernest et Lucien....................	201
Notes de détail ou récits des assassinats mentionnés dans le dialogue...	212
Assassinat de William Morgan (1826)........................	212
— de deux ouvriers italiens (1834).........................	218
— du comte Rossi, à Rome (1848)............................	221
— de Garcia Moreno (1875).................................	225
Alexandre et Callisthène...................................	227
César et Lyndax...	237
Épilogue. — Le Père de famille et l'Ouvrier................	247

ILLUSTRATIONS:

Jeanne d'Arc....................................	*en tête du volume.*
Bataille de Fleurus..	39
En vain les prêtres des augures sont venus fléchir le genou..	43
Coriolan et Véturie..	47
Jean Bart et les courtisans................................	59
Serment d'Annibal...	68
Tribune aux harangues.....................................	75
Le général Drouot à Wagram................................	125
Incendie de Moscou..	139
Vue de Rome...	167
Pompée vaincu à Pharsale..................................	243

Toulouse, Imp. Douladoure-Privat, rue St-Rome, 30. — 7623

www.ingramcontent.com/pod-product-compliance
Lightning Source LLC
Chambersburg PA
CBHW070649170426
43200CB00010B/2174